Jörg Manhold
Rheinische Redensarten

Edition Lempertz

Impressum

Math. Lempertz GmbH
Hauptstr. 354
53639 Königswinter
Tel.: 02223 / 900036
Fax: 02223 / 900038
info@edition-lempertz.de
www.edition-lempertz.de

© 2018 Math. Lempertz GmbH

Alle Rechte vorbehalten. Ohne ausdrückliche Genehmigung des Verlages ist es nicht gestattet, das Buch oder Teile daraus zu vervielfältigen oder auf Datenträger aufzuzeichnen.

Texte: © Jörg Manhold, General-Anzeiger

Illustrationen, Titelgestaltung und Satz: Grafik-Büro Olaf Schumacher, www.gb-s.de
Lektorat: Christina Meuser

Printed and bound by CPI in Ulm, Germany

ISBN: 978-3-96058-211-3

JÖRG MANHOLD

RHEINISCHE REDENSARTEN

DER RHEINISCHE GLÜCKSRATGEBER

Illustriert von
Olaf Schumacher

VORWORT

Wenn die Sprache etwas über die Menschen sagt, dann sind die Rheinländer wahre Meister im Uneigentlichen. Selbst harte Urteile hören sich freundlich an, selbst klare Meinungen werden freundlich umschrieben und Schimpfen auf Rheinisch ist sehr unterhaltsam – solange man nicht selbst gemeint ist. Auf das Rheinische kann daher niemand verzichten. Die Zahl der aktiven Mundartsprecher geht jedoch leider zurück. Die Alten sprechen es noch sehr gut und mit dem eingebauten Hintersinn. Die Jüngeren kennen noch die Redewendungen und pflegen den Tonfall. Bei den ganz Jungen wird der Kontakt zur Sprache der Region immer schwächer. Jörg Manhold will das nicht einfach hinnehmen, sondern die Menschen am Rhein an die Schönheit und die Möglichkeiten ihrer Sprache erinnern. Seit über einem Jahr schreibt er jede Woche eine Kolumne für den Bonner General-Anzeiger, in der er Redewendungen, Formulierungen und Sprüche anspruchsvoll und unterhaltsam vorstellt und erklärt. Viele Sprachkenner aus der Region haben ihn unterstützt. Inzwischen haben die Leser des General-Anzeigers diese Aufgabe mit übernommen und schicken ihre Anregungen ein. Sie diskutieren mit dem Autor, denn Sprache lebt und ist vielfältig. Da gibt es manches zu klären. Viele Leser haben sich gewünscht, dass die Kolumne zu einem Buch wird. Diesem Wunsch sind wir gefolgt. Die Edition Lempertz hat sich der Sache in gewohnt hoher Qualität angenommen. Ich wünsche Ihnen viel Spaß, erst beim Lesen und dann beim Ausprobieren. Denn nichts klingt schöner für einen Rheinländer als Rheinisch, das auch in Zukunft gesprochen werden will. Machen Sie mit und halten Sie unsere rheinische Sprache lebendig.

Hermann Neusser
Verleger und Herausgeber
General-Anzeiger Bonn

DER RHEINISCHE GLÜCKSRATGEBER

Wenn man den Zeitschriften- und Buchmarkt so betrachtet, gibt es momentan kein wichtigeres Thema für die Menschen als das Glück. Alle sind auf der Suche nach diesem Gefühl, das einem die Gewissheit gibt: Ich führe das richtige Leben. Ich tue, was ich wirklich will und mir Spaß macht. Ich hole das Maximum heraus aus meinem Talent. Und ich fühle mich rundum gut dabei. Kurzum: Ich bin glücklich!

Die Kunst des guten Lebens, das Glücksprojekt, mein Glück in 100 Listen, Glück kommt selten allein ... Man könnte die Liste der erfolgreichen Buchtitel endlos fortsetzen. Dabei ist die Suche nach dem Glück gar nicht so neu. Schon Seneca hat in der römischen Antike in seinen Briefen handfeste Anleitungen zum Glück gegeben. Ja, die Bibel enthält bereits in den Lehrbüchern des Alten Testaments viele Hinweise, wie ein zufriedenes Leben gelingt. Die Amerikaner haben die Suche nach dem Glück sogar in der Verfassung festgeschrieben.

Wer sich mit den rheinischen Redensarten beschäftigt, der stellt schnell fest, dass die gemütvollen und gedankentiefen Sprüche des Dialekts genau das Gleiche bewirken. Im Kern sind dies alles Sinnsprüche, die den Adressaten dazu bringen oder daran erinnern, wie man sich im

Leben verhalten sollte. Tipps, was man tun muss und was man besser lässt. Da geht es um Fleiß, Bescheidenheit und Freundschaft, um Aufrichtigkeit und Verlässlichkeit – alles Varianten der Kardinaltugenden. Und es geht um muntere Zusammenfassungen dessen, was demjenigen passiert, der all die Lebensweisheiten und Alltagstipps nicht beherzigt. Im Kern geht es also immer um die Bedingungen eines glücklichen Lebens.

Für denjenigen, der sich mit der rheinischen Sprache und Mentalität auskennt, ist das kein überraschender Befund. Denn das Weltwissen und der Sprachwitz des Rheinländers haben schon oft große philosophische und ethisch-moralische Lehrsätze vorweggenommen, noch bevor sie ein großer Denker in Stein gemeißelt hat. Und so ist es nicht vermessen zu sagen, mit der vorliegenden Sammlung rheinischer Redensarten hat der Leser „Den rheinischen Glücksratgeber" schlechthin vorliegen, der im Alltag entstanden und in Krisen erprobt ist. Er ist viel zuverlässiger als etwa ähnlich gewachsene Bauernregeln, denn die menschliche Seele ist in jeglicher Hinsicht berechenbarer und in ihrer Kausalität verlässlicher als das Wetter. Ein Willkommen also an alle Glückssucher. Sie werden hier fündig.

An dieser Stelle müssen wir noch einen kleinen Exkurs zur Rechtschreibung des Rheinischen einschieben, der auch ein bisschen glücklicher oder wenigstens zufriedener machen soll: Der Dialekt ist – wie uns die Sprachwissenschaftler immer wieder bestätigen – in erster Linie eine gesprochene Sprache. Zudem variiert er von Ort zu Ort, so dass die Schreibweise stets nur eine Annäherung an den verschiedenartigen Sprachklang ist. Schon oft haben Autoren von Wörterbüchern versucht, auch dem Dialekt eine verbindliche Schreibung zu verordnen. Ähnlich wie es dem Hochdeutschen vor gut 100 Jahren der Duden tat. Das muss aber immer Stückwerk bleiben. Wir können nicht entscheiden, wer da „Recht", „Rääsch" oder „Rääch" hat. Ein bisschen Spiel ist also immer drin. Da muss man auch mal fünfe gerade sein lassen. Am Ende geht es ja darum, den Zauber der rheinischen Mundart zu erhalten und an künftige Generationen weiterzugeben. Und das ist auch ein kleines Stück vom Glück.

Jörg Manhold

RHEINISCHE
REDENSARTEN

AHL JEESSE LÄCKE OCH JÄEN SALZ

Diese rheinische Redensart ist nur etwas für Menschen, die mit beiden Beinen fest im Leben stehen. Zugleich wird mit ihr eine einzigartige Fähigkeit des Dialektes offenbart: nämlich die, ganz unverblümt auch tabuisierte Themen aufgreifen zu können, ohne ins Gewöhnliche abzugleiten oder den Dingen ihren Zauber zu nehmen. Vielmehr nimmt der Rheinländer hier die augenzwinkernde Perspektive ein.

Unsere Redewendung lautet: „Ahl Jeeße läcke och jäen Salz." Die wörtliche Übersetzung ins Hochdeutsche lautet: Alte Ziegen lecken auch gerne Salz. Das Sprachbild stammt aus dem bäuerlichen Umfeld. Ziegen haben oft einen Salzleckstein auf der Weide liegen, damit sie ihren Mineralhaushalt regulieren. Das dient der Vitalisierung. Und damit sind wir schon beim Signalwort. „Manches ältere Mädchen wird noch gerne in den Arm genommen", berichtet Mundartsprecher Karl Friedrich Schleier. Und das hat durchaus eine belebende Wirkung.

Einen anderen Akzent setzt Dialektfachmann Gisbert Stenz. Er erinnert sich als früherer Dorfschullehrer eines kleinen Eifeldorfs an eine Bäuerin im Ruhestand, die die Angewohnheit hatte, ihren Nachbarsjungen vom Gartenzaun aus bei der Arbeit zuzusehen. „Mit verschränkten

Armen stützte sie ihren Oberkörper mit beträchtlicher Oberweite auf die oberste Zaunlatte und feuerte die beiden Burschen mit aufmunternden Worten an", berichtet Stenz. Darauf fragte ihr Schwager, ob sie die Jungen verrückt machen wolle.

Eine weitere Bedeutung bringt Mundartsprecherin Elisabeth Schleier ins Spiel: „Auch alte Scheunen brennen gut – das bedeutet, dass auch jemand, der schon älter ist, in Liebe entflammen kann." Und Dialektsachverständige Liesel Lorscheidt ergänzt: „Wenn sich ältere Paare spät zusammenfinden, dann halten sie oft besonders intensiv Händchen." Der männliche Aspekt klingt so: Auch ein alter Bock mag noch ein grünes Hälmchen. „Das heißt so viel wie: ‚Alte Männer sehen gerne junge Frauen'", erläutert Mundartsprecher Josef Schwalb. Irrungen und Wirrungen sind eben nicht einem bestimmten Geschlecht und die chaotische Wirkung der Liebe nicht einer bestimmten Altersgruppe vorbehalten. Menschlich, allzu menschlich.

ÄEZE, BONNE, LINSE, DAT SIN SE

Rheinische Redensarten haben manchmal die Funktion, Dinge zu trennen, und manchmal, Dinge zusammenzubringen. Bei diesem Beispiel ist gewissermaßen beides zugleich der Fall. „Äeze, Bonne, Linse, dat sin se", hat sicher jeder schon einmal gehört. Zumal es sich so schön reimt und mit Nahrungsaufnahme zu tun hat. Da ist die alltägliche Interessensschnittmenge sehr groß. Ins Hochdeutsche übersetzt heißt der Satz: Erbsen, Bohnen, Linsen, die sind es.

Der Satz hat sich über ein Lied ins kollektive Gedächtnis geschlichen. Gesungen vom legendären kölschen Heimatsänger Horst Muys. Ganz sachlich gesprochen könnte man es als kulinarischen Hinweis verstehen, der die im Rheinland so beliebten Hülsenfrüchte zusammenfasst. Erbsensuppe, Bohnensuppe und Linsensuppe gehören zu den Gerichten, die im Gebiet um Köln und Bonn patriotische Gefühle zum Vorschein bringen. Ihre Beliebtheit hat wohl weniger damit zu tun, dass sie wie „Appeltaat", also Apfelkuchen, schmecken. So sagt es jedenfalls die Verszeile. Vielmehr handelt es sich um typische Wintergerichte, die auch zu Karneval gerne genommen werden. Hülsenfrüchte lassen sich über die kalte Jahreszeit hinweg gut aufbewahren. Und da sind sie hin und wieder eine schöne geschmackliche Abwechslung.

Der Liedertexter Klaus Krumsdorf hat die Zeile in einem späteren Song variiert. Da heißt es „Äeze, Bonne, Linse, bringe de Fott zum Grinnse" (...bringen den Hintern zum Grinsen). Und an dieser Stelle sind wir bei der Kernaussage, die Horst Muys zwar zwischen den Zeilen transportiert, aber nicht offen ausspricht. Vielmehr berichtet er, dass es beim Militär immer Hülsenfrüchte gibt und sich beim Appell am nächsten Morgen wie von selbst ein Lied aus Winden anstimmt. Und dazu singen die Soldaten dann: „Erbsen, Bohnen, Linsen, die sind es." Da bekommt die Zeile eine leicht entschuldigende Aussage, denn das Konzert war so nicht bestellt.

BÄSSE EHN PLÄÄT WI JAR KEEN HOER

Die typische Dialektik des Landstrichs zwischen Düsseldorf und Koblenz hat ihren eigenen Charme. Sie gipfelt zuweilen in dem liebevollen Versuch, das Nichts als etwas mehr erscheinen zu lassen, als es tatsächlich ist. Davon kann diese rheinische Redensart beredtes Zeugnis ablegen. „Bässe ehn Pläät wi jar keen Hoer" gehört sicher zu den kürzesten Witzen des Universums. Besteht er doch nur aus einer Pointe. So etwas bekommt praktisch nur der geübte Rheinländer hin. Zu gut Hochdeutsch heißt das: Besser eine Glatze als gar keine Haare. Zeitgenossen, die im Alltag hauptsächlich auf die Logik vertrauen, stehen da erst einmal die Haare zu Berge – falls vorliegend. Der Widerspruch liegt auf der Hand. Wer eine Glatze hat, für den hat sich das Thema Haare erledigt. Dann kann man sich vielleicht mit einem Lolli behelfen, um beim Publikum zu punkten. Aber ansonsten hilft gar nix: „Wat fott es, es fott" (Was weg ist, ist weg).

Der rheinische Filigran-Ästhet zeigt an dieser Stelle allerdings seine mentale Überlegenheit, indem er den feinen Unterschied sucht zwischen polierter Glatze und ordinärer Haarlosigkeit. Der dürfte so groß sein wie die Ausdehnung eines mathematischen Punktes, also gleich null. Wir haben es also mit einem Loblied auf den Optimismus zu tun. Die übergeordnete Bedeutung hat aber noch mehr zu bieten. Es gibt etliche bedeutungsverwandte Redewendungen im Hochdeutschen: Auf 'ner Glatze Locken drehen; mal wieder durch null teilen; Unterwasserstabhochboxen trainieren. Das alles bedeutet: Hier schickt sich jemand an, das Unmögliche möglich zu machen. Und in dieser Disziplin ist der Rheinländer ja wirklich Spezialist.

BEIM DEHLE LIESCHTE
SE KENNE

Bei den rheinischen Redewendungen gibt es einen Aspekt, der sich immer wieder wie ein roter Faden durchzieht. Viele Weisheiten behandeln das gute und richtige Handeln. Sie sind quasi als Lebenshilfe oder Erziehungsleitspruch gedacht, um den Rheinländer auf dem Pfad der Tugend zu halten. In diese Kategorie fällt auch der Satz: „Beim Dehle lieschte se kenne." Wörtlich übersetzt bedeutet das im Hochdeutschen: Beim Teilen lernst du sie kennen.

Damit ist natürlich der „wahre Charakter" des betreffenden Menschen gemeint. Gibt es doch im täglichen Miteinander viele Möglichkeiten, die tiefen Abgründe der menschlichen Seele zu verbergen. Wenn es aber ans Grundsätzliche geht, dann kann es sein, dass die Masken fallen. Wir sprechen also von einer Form des persönlichen Aschermittwochs.

Mundartsprecherin Elisabeth Schleier berichtet: „Wenn etwas zu vererben ist, und die ganze Verwandtschaft kommt, dann nimmt sich jeder, was er haben will. Dann lernt man sie kennen." In diesem Sinne ergänzt Dialektfachfrau Liesel Lorscheidt: „Wenn's beim Erben ans Teilen geht, dann kann man sehen, wie sich die Leute aufführen."

Und Mundartsachverständiger Hans Nolden erwartet in den kommenden Jahren noch eine Zuspitzung dieser

Situation: „Vor allen Dingen bei den heutigen Patchworkfamilien wird das noch schlimmer werden." Und Dialektsprecherin Wilhelmine Schönenberg erinnert sich: „Wenn man teilen soll, etwa Schokolade oder im Krieg das Brot, dann kann man die Erfahrung machen, dass die Menschen ungern abgeben. Die Kinder von heute sind auch sehr besitzergreifend und nicht sehr sozial eingestellt." Und genau diese Erkenntnis wird in der Redewendung zum Ausdruck gebracht. Mundartsprecher Josef Schwalb präzisiert das Phänomen: „Es geht um Neid und Raffgier, die den Kern des Menschen ans Tageslicht holen können." Nicht wenige Familiengeschichten enthalten umfangreiche Kapitel solcher Zerwürfnisse.

BEKLOPP ON DREI ES ELLEF

Eine sehr amüsante Version der typisch rheinischen Argumentationskette ist der Satz: „Beklopp on Drei es Ellef." Da kann man wirklich sagen: „Su jet jitt et nur em Rheinland" (So etwas gibt es nur im Rheinland). Für Zugezogene müssen wir uns dem Thema ganz vorsichtig nähern. Zuerst die wörtliche Übersetzung: Bekloppt und Drei sind Elf. Mundartsprecher Georg Schmidberger bezeichnet den Satz als „rheinische Gleichung mit einer Unbekannten". Dem möchte man spontan zustimmen. Der mathematisch Versierte weiß aber, eine Unbekannte muss nicht unbekannt bleiben, weil die Gleichung zu ihr hin aufgelöst werden kann. In diesem Falle wäre die Lösung Acht. Aber das hilft uns in der Deutung nicht weiter.

Da müssen wir schon stärkere Verbündete suchen und finden sie in der Numerologie und der Zahlensymbolik. Es geht also offensichtlich um den Zustand des Bekloppt-seins, der ja vor allem während der tollen Tage im Rheinland Dauerzustand sein kann. Und es geht darum, diesen Bekloppheitsgrad noch einmal zu steigern.

Was sagen uns die Zahlen dazu? Die biblische Symbolik gibt klare Hinweise. Die Zahl Drei gilt als göttlich, denn sie repräsentiert die göttliche Dreifaltigkeit mit Vater, Sohn und Heiligem Geist. Biblische Aussagen werden, um sie eindringlicher zu machen, dreimal wiederholt. Und Jesu Auferstehung geschieht drei Tage nach der Kreuzigung. Übrigens gibt es auch in der Musik das Stilmittel des Dreischritts, der einen Melodieabschnitt dreimal wiederholt und damit eine besondere Intensität erzeugt.

Die Elf dagegen ist die Zahl der Narren, der Jecken, des Karnevals. Weshalb? Sie symbolisiert Unvollkommenheit. Sie steht zwischen der Zehn und der Zwölf. Die Zehn repräsentiert biblisch „alle" und erscheint als Zahl der Gebote, der Plagen und der Aussätzigen. Zwölf ist das Symbol der Vollkommenheit – die zwölf Stämme Israels, die Apostel Jesu. Und sie ist das mathematische Produkt aus Drei und Vier. Letzterer Faktor verweist auf die Zahl der Himmelsrichtungen und der Evangelien und steckt das Umfassende ab.

Was sagt uns das alles über das Wesen der Verrücktheit? Wo Bekloppheit vorhanden ist, die fahrlässigerweise noch intensiviert wird, wird die Verrücktheit vollkommen und bleibt kaum mehr steigerbar. Das ist doch auch mal eine schöne Gewissheit.

D'R ZOCH KÜTT

Manch eine rheinische Redewendung führt ein tristes Dasein. Das gilt vor allem für jene, die nur anlassbezogen, gar ausschließlich saisonal zum Einsatz kommen. Oder sollte man sagen sessional? Also nur im Karneval. Während dieser Zeit allerdings hat unser spezieller Satz eine solche Hochkonjunktur, dass er jedem rheinischen Kind geläufig ist. In unserem Falle geht es um die schöne Wendung: „D'r Zoch kütt." So kurz sie ist, so allgemein verständlich ist sie auch. Auf gut Hochdeutsch bedeutet das: Der Zug kommt. Natürlich könnte es sich dabei gut und gerne um eine Werbefloskel der Deutschen Bahn handeln. Er wäre ungezählte Male täglich auf den Infotafeln der deutschen Bahnhöfe zu sehen. Und er würde dann jene Vorfreude auslösen, die der Reisende hat, den es in die Fremde zieht, oder der Wartende, der einen lieben Menschen zurücksehnt.

Tatsächlich geht es aber – wie so oft bei der Mundart – um den Karneval. Ein Schild mit dieser Redewendung führt fast jeden Karnevalszug im Rheinland an. Und auch hier dürfte das den Freudenreflex ähnlich des Pawlow'schen Hundes auslösen, denn der Spruch verheißt: „Kamelle, Strüßcher und Bützcher" für das jecke Narrenvolk. Hier reihen sich die Mottowagen, Fußgruppen und Musikkapellen und werfen dem Narrenvolk die leckeren Kamellen zu.

Und erst recht für das Prinzenpaar ist „d'r Zoch" doch der Höhepunkt seiner karnevalistischen Aktivitäten. Vom 11.11. über Prinzenvorstellung und Proklamation, Sitzungs-, Straßen- und Kneipenkarneval, Weiberfastnacht, Rosenmontag und Aschermittwoch, die Abfolge des karnevalistischen Protokolls ist seit jeher unabänderlich.

Für die aktiven Karnevalisten selbst ist der Zug in den vergangenen Jahren mehr und mehr zur Bürde geworden, die einer generalstabsmäßigen Vorbereitung bedarf. Da haben sich die Sicherheitsanforderungen an Wagen und Material derart erhöht, dass der TÜV zum gefürchteten Angstgegner geworden ist. Und auch das Thema Terrorgefahr ist inzwischen allgegenwärtig. Ganz zu schweigen von der aktuellen Frage, ob Pferde noch im Zug mitgehen dürfen sollen. Es ist also viel, viel Arbeit, bis der Zug kommt. Aber er ist zum Glück noch lange nicht abgefahren.

DÄ BALLESCH LAPPT SICH VON SÄLEVE, WÄMME IM ZICK LÄT

Es gibt alte rheinische Redewendungen, die wie eine Mahnung aus alter Zeit in die Gegenwart herüberschallen. So eine hat uns Gisela Witberg aus Beuel zur Erörterung anempfohlen: „Dä Ballesch lappt sich von säleve, wämme im Zick lät." Die wörtliche Übersetzung hat schon ihre Tücken. Man braucht das Vorwissen, dass die Begriffe Lappen und Flicken synonym eingesetzt werden. Also heißt es: Der Körper flickt sich von selbst, wenn man ihm nur die Zeit lässt. In Kurzform bedeutet das: Der Körper heilt sich selbst, es braucht nur Geduld.

Und die hat ja heutzutage niemand mehr. Alles muss schnell gehen. Wer Husten, Schnupfen, also eine handelsübliche Erkältung, hat, der nennt es dramatisch Grippe und verleibt sich so manche Arznei ein. Eigentlich nur um festzustellen, dass die Rekonvaleszenz, also Heilung, neun Tage braucht. Ob mit oder ohne Mittel. Drei Tage kommt sie, drei Tage bleibt sie und drei Tage geht sie. So ist das mit der Erkältung. Die besten Mittel sind viel Schlaf und Geduld. Und genau daran erinnert dieser rheinische Satz. Wenn man so will, ist die übergeordnete Bedeutung noch sehr viel weitreichender: Viele Dinge im Leben kann man

nicht erzwingen. Und das meiste regelt sich von selbst. Das repräsentiert natürlich eine Lebenshaltung, ja Philosophie, die dem Rheinländer seit jeher eigen ist. Folglich lauten die ersten drei Paragrafen im rheinischen Grundgesetz: „Et es wie et es. Et kütt wie et kütt. Et hätt noch immer jot jejange."

DÄ HÄT EN ÄEZ AM WANDERE

Der Sektor „Beleidigungen liebevoll ausgedrückt" ist diesmal unser Metier. Die rheinische Redensart „Dä hät en Äez am wandere" findet ihr Zuhause in unserer Region. Wörtlich übersetzt heißt das: Der hat eine Erbse am wandern. Oder angepasst an die hochdeutsche Grammatik: Dessen Erbse wandert. Das Sprachbild lässt Platz für Interpretationen. Da bewegt sich eine Erbse, wo sie es nicht sollte, und das führt zu Unwohlsein. Das kann assoziiert werden mit den Folgen des Genusses von Hülsenfrüchten und dem sich anschließenden Stoffwechselvorgang.

Die Erbse könnte sich aber auch in einem mehr oder weniger hohlen Oberstübchen Bewegung verschaffen. Zwischen diesen beiden Erklärungsansätzen pendelt auch Mundartsprecher Heinz Jürgen Engels. Wenn auch die Verortung des

Unwohlseins zunächst im Ungefähren bleibt, so ist doch die Aussage klar: Hier ist jemand, der nicht ganz richtig ist, der nicht alle Tassen im Schrank hat. Oder, wie Dialektsachverständiger Peter Kunze es ausdrückt: „Der hätt en Bomb jeköpp" (Der hat eine Bombe geköpft). Da denkt man gleich an einen Fußballspieler, der den weicheren Lederball mit einer eisenharten Bombe verwechselt. Der Bedeutungsunterschied dürfte allerdings sein, dass eine Erbse nur zeitweise wandert, während eine Bombenexplosion dauerhafte Wirkung hat.

Der Erbse haben die Bläck Fööss übrigens ein Denkmal gesetzt in ihrem Lied „Mer bruche keiner, dä uns sät, wie mer Fastelovend fiere deit". Dort heißt es übersetzt: Es gibt Leute, die ewig schlauer sind als andere, die Verrückten haben doch nur eine Erbse am wandern, denen fehlt eine Pappnase und eine dicke Trommel.

Das enthält die versöhnliche Erkenntnis, dass Heilung möglich ist. Und zwar durch karnevalstypische Zutaten. Allen, die das Leben und vor allem sich selbst zu wichtig nehmen, ist deshalb ein bisschen Spaß an der Freud' empfohlen. Dann findet der Mensch wieder sein Gleichgewicht, und die Erbse muss nicht mehr wandern.

DÄ HÄTT ENE RATSCH EM KAPPES

Die schönsten rheinischen Redensarten sind diejenigen, die mit ihrer diplomatisierenden Wirkung vom wirklichen Grad der Beschimpfung ablenken. Und beleidigende Formeln gibt es in großer Zahl. Dabei sind die darin enthaltenen Sprachbilder oft so nett und humorvoll, dass es schwerfällt, eine tiefe Ernsthaftigkeit zu empfinden. Das ist ganz gewiss ein wichtiger emotionaler Puffer im Alltag.

Und das gilt auch für die bekannteste und beliebteste Beleidigung des Zeitgenossen: „Dä hätt ene Ratsch em Kappes." Diesen Satz haben uns sehr viele Leser zur Erklärung angetragen. Ganz wertfrei ins Hochdeutsche übersetzt bedeutet das: Der hat einen Schnitt im Kohl. Die Form des bezeichneten Gemüses legt die Analogie zum menschlichen Denkorgan und dessen Hülle – dem Kopf – nahe.

Es geht also um eine Verletzung des Kopfes, respektive die mentale Verwirrung. Wir dürfen den Satz übersetzen mit: Der ist verrückt; der hat sie nicht mehr alle; der ist nicht mehr ganz bei Trost; nicht mehr richtig im Kopf; der ist bescheuert.

Dabei hat das Wort Ratsch als Adjektiv verwandt übrigens eine steigernde Wirkung. Wer sagt, der ist „ratsch bekloppt", meint, der ist total verrückt. Wer sein Gegenüber nicht lang-

weilen möchte beim Beschimpfen, der kann den „Ratsch em Kappes" auch variieren. Wir bieten heute an: „Du häss et Schoss eruss" und „du häss net alle Fransen am Teppisch".

DÄ JLÖV, WATTE LÜCH

Diese rheinische Redensart hat es in sich. Sie kratzt hart am Wesen des Menschen. Ja, man könnte sagen, wir haben es hier mit einer anthropologischen Konstante zu tun. „Dä jlöv, watte lüch" bedeutet im Hochdeutschen wörtlich: Der glaubt, was er lügt. Was bedeutet das im übertragenen Sinne? „Es gibt Menschen, die wunderbar erzählen können, sich dabei auch etwas hinzudenken und anschließend noch selbst daran glauben", berichtet Mundartsprecher Hans Nolden. Und Rheinländerin Melitta Klein ergänzt: „Die belügen sich selbst und glauben es anschließend selbst. Eigenartigerweise setzt sich das bei diesen Menschen fest, und sie wissen nachher nicht mehr, was die Wahrheit ist."

Das klingt ziemlich kompliziert, ist aber einfach. Kriminalpsychologen haben für Glaubwürdigkeit von Zeugenaussagen festgestellt, dass die Erinnerung grundsätzlich fraglich ist. Jeder Mensch interpretiert im Nachhinein so viel Sinn in offenbar unzusammenhängende Erlebnisse, dass die Grenze zwischen Dichtung und Wahrheit oftmals verschwindet. Kein Wunder also, wenn Menschen zuweilen glauben, was sie lügen.

Eine Steigerung dieses Satzes ist die Wendung: „Dä lüch, watte bett." Das bedeutet: Der lügt, was er betet. Und das ist sicher die Höhe der Perfidität. „Wenn jemand lügt, was er betet, dann belügt er sogar den Herrgott", sagt Mundartsprecher Hans Nolden. Und das zeugt schon von erheblich überzogenem Selbstbewusstsein.

Unterm Strich bleibt die Erkenntnis, dass nach langen, wiederholten Ausführungen das Gesagte im Nachhinein zur persönlichen Wahrheit werden kann, auch wenn es so nie geschehen ist.

Prominente Beispiele sind da etwa der Fußballtrainer, der sich nicht erklären konnte, wie Spuren von Kokain in seine Haarspitzen gelangten. Oder – schon fast 30 Jahre her – der Ministerpräsident, der sein Ehrenwort gab, dass die gegen ihn erhobenen Vorwürfe haltlos seien. Wie sich später herausstellte, griff in beiden Fällen eine sehr eigene Auslegung der Wahrheit.

DÄ MÄÄT JÄEN SU LAPPÜEHCHE

Ohne eine gewisse Vorbildung in der rheinischen Sprachgenetik ist diese Redensart kaum zu enträtseln. „Dä määt jäen su Lappüehche" führt ganz tief in die Köln-Bonner Seele. Gehen wir es systematisch an. Auf Hochdeutsch bedeutet der Satz: Der macht gerne solche Flicköhrchen. Der Begriff Lappen ist im Dialekt synonym zu verstehen mit Flicken. Und das weist schon auf sogenannte Flick- oder Reparaturarbeiten hin. Die Etymologie (Wortherkunft) ist mit Blick auf das Öhrchen äußerst schwer zu beurteilen. In der Verniedlichungsform könnte es schlicht bedeuten: Hier handelt es sich um eine zu vernachlässigende Kleinigkeit. Es könnte aber auch der Bezug zum Eselsohr, also einer nicht mehr ganz intakten, umgeknickten Seite gemeint sein. Hier wird also eine kleinere Reparatur vorgenommen. Es könnte auch sein, dass das „Lappüehche" eine lateinische Herkunft hat. Diese Vermutung gab uns ein Leser mit auf den Weg. Denn der Begriff könnte eine Adaption des antiken „laborare" sein, das ja „arbeiten" heißt. Von der Phonetik her klingt das plausibel.

Und damit kommen wir zur übergeordneten Bedeutung. Denn unsere Dialektsachverständigen übersetzen die Redewendung unisono mit: Hier ist jemand, der Schwarzarbeit erledigt. Er kassiert das Geld, ohne die fällige Steuer abzuführen. Weitere Übersetzungen sprechen von Nebenbeschäftigung, Nebenverdienst und Nachbarschaftshilfe. Der tatsächlich kriminelle Gehalt der Arbeit liegt also im Dunklen. Mundartsprecher Hans Nolden kennt neben der Bedeutung „nach Feierabend etwas machen" noch eine zweite: „Es kann sich auch um einen Charmeur handeln, der der Nachbarin handfeste Avancen macht."

Sei's drum: Das Rheinische bietet sprachlich vielfältige Möglichkeiten, im Grunde rechtswidrige Handlungen zu Bagatelldelikten zu verniedlichen. Das berühmteste Wort dürfte da der Klüngel sein, zu dessen Bekämpfung mit dem Bundeskartellamt sogar eigens eine Behörde in der Bundesstadt Bonn betraut ist. Muss man sich wundern, dass ausgerechnet die nicht in Berlin, sondern im Rheinland sitzt? Vielleicht eher, dass ihre Existenzberechtigung nicht in Zweifel gezogen wird.

DÄMM KANNSTE EM LOOFE DE SCHOH BESOLLE

Der Rheinländer nimmt gerne die Schwächen seiner Mitmenschen aufs Korn. Sehr oft haben die rheinischen Redensarten darüber hinaus noch eine erzieherische Absicht. Dann wenden sie sich ganz klar an den Nachwuchs. In unserem Beispiel hat man allerdings eher einen Erwachsenen vor Augen, der nun einmal so ist, wie er ist. Unabänderlich. Deshalb muss man die Umwelt vor ihm und seinen Charakterfehlern warnen.

„Dämm kannste em Loofe de Schoh besolle" erschließt sich auch dem Zugezogenen, sobald man es auf Hochdeutsch übersetzt hat: Dem kannst du beim Laufen die Schuhe besohlen. Klar, da ist einer so langsam und geht so langsam, dass man ihm während des Spaziergangs neue Sohlen am Schuh anbringen kann.

Das ist durchaus eine witzige Vorstellung. Natürlich geht es bei diesem Gleichnis – analog zu biblischen Gleichnissen – nicht um die beschriebene Sache selbst. Der Satz ist vielmehr im übergeordneten Sinne zu verstehen. Er bedeutet: Hier ist einer in allen Lebenslagen sehr, sehr langsam.

Das kennt man wohl auch in anderen Landstrichen. Der Ostfriese Otto Waalkes etwa hatte mal einen entsprechenden Witz im Bühnenprogramm: „Als Kind war ich so langsam, dass ich mal von einem Auto angefahren wurde. Es hatte einen Platten und wurde von zwei Omas geschoben."

Auch die Psychologie kennt eine solche Persönlichkeitsstruktur. In der Temperamentenlehre ist von vier Typen die Rede: der Choleriker, der Sanguiniker, der Melancholiker und der Phlegmatiker. Letzterem werden die Eigenschaften „langsam, ruhig und schwerfällig" zugeschrieben.

Ein Mensch mit Phlegma ist demnach zugleich emotional stabil und introvertiert. In der Summe gilt er als stets unentschlossen. Deshalb hat er keinerlei Anlass, in zügigen Schritten ein Ziel zu erreichen. Man kann ihm also, wenn man selbst etwas schneller unterwegs ist, durchaus beim Gehen die Schuhe besohlen.

DAT MAACHE ME US DE LAMÄNG

Wir kommen in das intuitive Fahrwasser der rheinischen Redewendungen. Denn dieser Satz ist wohl auch Zugereisten lautsprachlich verständlich, ohne dass sie die Wortbedeutung im Einzelnen übersetzen könnten. Dabei liegt hier eine doppelte Verschlüsselung vor: 1. die rheinische, 2. die französische.

„Dat maache me us de Lamäng" heißt wörtlich übersetzt: Das machen wir aus der Hand. Oder wie die Redewendung im Hochdeutschen lautet: Das schütteln wir aus dem Handgelenk. Der Begriff Lamäng ist die rheinische Umformung des französischen „la main" (die Hand). Von 1794 bis 1813 hatten bekanntlich die Franzosen das Rheinland besetzt und dabei auch etliches an Zivilisation mitgebracht. Im Gegenzug bedankten sich die munteren und immer zu Späßen aufgelegten Rheinländer mit so mancher Verballhornung der französischen Sprachmitbringsel. Lamäng ist so ein Fall. Schäselong für Sofa, Trottewar für Bürgersteig und Paraplü für Regenschirm sind weitere.

Mundartsprecher Josef Schwalb erklärt die Bedeutung von „etwas aus der Hand tun" mit „ohne vorherige Zeichnung, ganz spontan". Stammt der Begriff also aus dem Sektor der Zeichenkunst, die ohne Lineal auskommt, aber manuelle Dynamik braucht?

Dialektsachverständige Melitta Klein ergänzt da: „Etwas ist einfach, das machen wir direkt. Es ist etwas, das wir können. Wir haben es intus, weil wir es lange genug geübt und über Jahre gelernt haben."

Hier zeigt sich wieder einmal, es ist schwer, etwas zu definieren, das auf der Hand (!) liegt. Etwas, das intuitiv klar ist, muss man nicht logisch erklären können. Man darf aber feststellen, dass die Redewendung in eine bestimmte rheinische Bewusstseinstradition eingebettet ist. Wir bemühen hier den neuen Fachbegriff „Gelassenheitsprüfung", die den Sankt-Martins-Pferden abverlangt wird, aber jedem Lebewesen zu empfehlen wäre. Rheinländer haben die freilich schon vor der Geburt absolviert, denn sie nehmen alles, „wie et kütt".

DAT MOSS ICH MEM HÖHNERKLÄUCHE KRIJJE

Am schönsten ist die rheinische Sprache, wenn die vermeintlich einfache Lesart eine philosophische Lebensklugheit transportiert. Das ist hier der Fall. Es geht um die recht seltene Wendung: „Dat moss ich mem Höhnerkläuche krijje." Die Übersetzung bietet da nicht sofort Erhellung: Das muss ich mit der Hühnerkralle heranholen.

Da will also jemand etwas zu sich heranziehen. Und das macht er nicht, wie es vielleicht natürlich wäre, mit der Hand, sondern er bedient sich des Hilfsmittels der Hühnerkralle. Warum tut er das? Vielleicht weil die Finger zu dick sind. Er nimmt also die Tierkralle mit ihren feinen Enden. So kann er sehr filigran arbeiten.

Dementsprechend erläutert Mundartsprecher Ernst Mainusch: „Das sagt man, wenn man ganz vorsichtig piddeln muss wie ein Uhrmacher, damit nichts kaputt geht." Das ist freilich nur die erste Schicht, die praktische Bedeutung. Quasi auf der Metaebene hat der Satz aber noch eine psychologische Dimension. „Man sagt es auch, wenn man jemandem etwas ganz vorsichtig beibringen muss, damit er nicht beleidigt ist", so Mainusch. Und Dialektsachverständige Maria Kopp ergänzt: „Wenn man in einer Familie lebt, in der viele das Sternzeichen

Wassermann haben, dann darf man nicht auf einer Sache bestehen, sondern muss die Botschaft hintenrum transportieren." Es geht also letztlich um strategisch kluge Gesprächsführung.

Eine weitere Bedeutung kennt Mundartsprecherin Melitta Klein: „Wenn man etwas Großes erreichen will, dann muss man das im Kleinen gestalten. Man geht dann vielleicht am besten Stückchen für Stückchen vor." Und das ist doch vergleichbar mit dem Ratschlag, den der Straßenkehrer Beppo seiner kleinen Freundin Momo in Michael Endes gleichnamigen Roman gibt: „Wenn man eine sehr lange Straße kehren muss, dann darf man nie an die ganze Straße auf einmal denken. Man muss immer nur an den nächsten Schritt denken, an den nächsten Atemzug. Auf einmal merkt man, dass man die ganze Straße gemacht hat. Man hat gar nicht gemerkt wie." Diese Weisheit könnte ohne weiteres von einem Rheinländer stammen.

DATT DATT DATT DARF!

An manchen Stellen ist der rheinische Dialekt ein akustisches Erlebnis. Es gibt zahlreiche lautmalerische Begriffe, die rein aus dem Gefühl heraus und vom Klang her verständlich sind. Im vorliegenden Falle geht es eher um den Rhythmus. Unsere rheinische Redewendung bezieht ihren Reiz daraus, dass eigentlich drei unterschiedliche Begriffe ein und dieselbe Übersetzung in den Dialekt haben. Und damit erhalten wir gewissermaßen einen potenzierten Stabreim, man könnte sagen, einen Stabreim hoch drei.

Es geht um den Satz: „Datt datt datt darf!" Die wörtliche Übersetzung ins Hochdeutsche ist erst nach viel Vorarbeit möglich. Man muss nämlich wissen, dass die Konjunktion „dass" im Dialekt „datt" heißt. Aber auch das Demonstrativpronomen „das" wird im Rheinischen mit „datt" übersetzt. Und schließlich wird das Pronomen „es" in bestimmten Zusammenhängen ebenso transferiert. Dies tritt besonders häufig auf, wenn damit ein jüngeres weibliches Wesen gemeint ist, etwa ein Mädchen. So würde man die Redewendung ins Hochdeutsche übersetzen mit dem Satz: „Dass es das darf". Im Alltag ist dieser Ausruf der Verwunderung immer dann zu hören, wenn eben jenes Mädchen etwas getan hat, von dem man glaubte, dass es verboten sei. Durch die dialektische Version des dreifachen „datt" bekommt der Satz natürlich einen besonders perkussiven

Charakter. Der kulturell interessierte Bonner dürfte sich da sofort an das erste Thema der fünften Symphonie in c-Moll von Ludwig van Beethoven erinnern. Darin variiert er so unnachahmlich die Wendung, die als „Schicksalsmotiv" in die Musikgeschichte eingegangen ist. Weltberühmt ist das „Ta-ta-ta-taa". Und daran erinnert unsere Redewendung unmittelbar. Darüber hinaus gibt es die Anekdote, dass sich zwei Landfrauen in breitem Platt über die kleine Tochter der einen austauschen, deren Verhalten der anderen Frau missfällt. Dann entspinnt sich folgender Dialog: „Darf datt datt?" - „Datt darf datt!" - „Datt datt datt darf ...!"

DE DÜVEL DRIESS NIE OP ENE KLEENE HOOFE

Diese rheinische Redensart gibt es auch im Hochdeutschen und enthält seit jeher eine fundamentale Gesellschaftskritik. Die ist so tief im kollektiven Bewusstsein verankert, dass sie praktisch nicht hinterfragt wird. „De Düvel drieß nie op ene kleene Hoofe" heißt wörtlich übersetzt auf Hochdeutsch: Der Teufel sch...ßt nie auf einen kleinen Haufen. Hier werden Geld, Reichtum, Kapitalismus mit dem Teufel personifiziert.

„Wer einmal reich ist und etwas besitzt, der bekommt auch immer noch etwas dazu. Und der Arme bleibt arm", sagt Mundartsprecher Karl Friedrich Schleier. Und seine Kolle-

gin Liesel Lorscheidt konkretisiert: „Wenn du eine Million hast, kommst du schneller an die zweite als ein anderer an die erste." Das kann durchaus ein Ausdruck des Neids sein. Auf der anderen Seite spielt auch der Begriff Geiz eine Rolle. Es gibt auch den schönen rheinischen Satz: „Wir haben unser Geld nicht vom Ausgeben, sondern vom Behalten."

Was den Teufel und seinen Haufen angeht, kennt Dialektsachverständiger Josef Schwalb noch eine übergeordnete Bedeutung aus der Gedankenwelt des rheinischen Katholizismus. „Wenn es eine üble Sache gibt, hinter der der Teufel steckt, dann ist sie auch wirklich sehr übel, denn wenn der Teufel etwas anfängt, dann gibt er sich nicht mit Kleinigkeiten zufrieden."

Die Kernaussage „Reich bleibt reich und Arm bleibt arm" ist übrigens auch wissenschaftlich erklärbar. Der französische Ökonom und Wirtschaftsprofessor Thomas Piketty, der mit dem Werk „Das Kapital im 21. Jahrhundert" bekannt wurde, erläutert das so: „Weil in der Regel die Kapitalerträge höher sind als das Wachstum der Volkswirtschaft, ist Ungleichheit keine versehentliche Begleiterscheinung des Kapitalismus, sondern eine zwangsläufige Konsequenz." Das ist doch auch eine beruhigende Erkenntnis, dass die rheinische Alltagsphilosophie durch die moderne Wissenschaft belegbar ist.

DER ES NOCH NET LANGS SCHMITZ BACKES

Manche rheinische Redensart ist nur übersetzbar, wenn man mit den örtlichen Gegebenheiten vertraut ist. Auch im vorliegenden Fall kommt man dem Ursprung nur mit Fachwissen auf die Spur. Erstaunlich ist allerdings, dass sich der Sinn auch ohne die konkrete Detailkenntnis weit verbreitet hat. Die sehr bekannte und gebräuchliche Redewendung lautet: „Der es noch net langs Schmitz Backes." Die hochdeutsche Übersetzung ist schnell geschafft: Der ist noch lange nicht an der Bäckerei Schmitz vorbei.

Obwohl der Satz ursprünglich aus Köln stammt, wissen auch die anderen Mundartsprecher, welche Bedeutung er hat. „Wenn sich jemand etwas vorgenommen hat und sich plötzlich Schwierigkeiten aufbauen und nicht klar ist, ob das Ziel erreichbar ist", erläutert etwa Dialektsachverständiger Hans Nolden. Es ist also jemand unterwegs, hat schon einiges geschafft, aber die größte Herausforderung liegt noch vor ihm. Etwas zwischenmenschlicher definiert es Mundartfachfrau Wilhelmine Schönenberg: „Es kann sein, dass eine Situation noch zu bereinigen ist, dann sagt dies der eine über den anderen und signalisiert – vornehm ausgedrückt –, dass er noch Klärungsbedarf hat."

Woher stammt der Ausdruck? Und was hat es mit der Bäckerei Schmitz auf sich? In Köln kursieren mehrere

Entstehungslegenden. Immer geht es um jene Bäckerei Schmitz, die im Mittelalter kurz vor dem Severinstor an der Stadtmauer ihren Standort hatte. Zum einen gibt es die Vermutung, es könnte ein Spießrutenlauf gemeint sein, der eben auf Höhe der Bäckerei endete. Oder es war ein Hinweis auf Übeltäter, die die Stadt verlassen wollten, um sich der Gerichtsbarkeit zu entziehen, und für die die Bäckerei gleichbedeutend mit der rettenden Stadtgrenze war. Weitere Informationen dazu gibt es im Internet auch im Mitmachwörterbuch des Landschaftsverbandes Rheinland [http://www.mitmachwoerterbuch.lvr.de]. Das ist übrigens überhaupt eine gute Adresse für all diejenigen, die sich mit dem rheinischen Dialekt befassen und sich an dessen Erhalt beteiligen möchten.

DER HÄTT ENE IJEL EN DE TÄSCH

Der Rheinländer unterscheidet hin und wieder zwischen gern gesehenen Gästen und weniger gern gesehenen. Letztere werden manchmal auch „Kläffbotze" genannt. Das bezeichnet Subjekte, die auch spät am Abend den Weg nach Hause nicht finden. Sie kleben mit ihren Hosen („Botze") auf dem Stuhl, und der Gastgeber wird sie partout nicht los. Interessanterweise wählt der Bonner Mundartfachmann Herbert Weffer in seinem bönnschen Wörterbuch die Schreibweise „Kläffbotz", während der Langenscheidt Kölsch die Variante „Kläävbotz" präferiert. Scheint so, als habe es zwischen Rheinkilometer 655 (Bonn) und 688 (Köln) eine Konsonantenverschiebung gegeben. Vielleicht ist es aber auch ein weiterer Hinweis darauf, dass der Dialekt eine gesprochene und keine geschriebene Sprache mit verbindlich zu nennenden Regeln ist. Zumal die Akzentuierung auch von Ort zu Ort variieren kann.

Wie dem auch sei, die rheinische Redensart lautet: „Der hätt ene Ijel en de Täsch." Wörtlich bedeutet das auf Hochdeutsch: Der hat einen Igel in der Tasche. Wieder einmal ein Begriff, der sich nicht selbst erklärt. Mundartsprecher Hans Nolden kann helfen: „Das bezeichnet jemanden, der Angst hat, sich beim Griff in die Hosentasche zu verletzen." Und Dialektfachmann Karl Friedrich Schleier ergänzt: „In der Tasche sitzt ja das Portemonnaie." Es geht also um ei-

nen, der sich gerne einladen lässt oder dorthin geht, wo es etwas umsonst gibt. Im Gegenzug ist er sehr zurückhaltend, selbst mal eine Runde zu geben. Mundartsprecher Hans-Josef Müller fasst zusammen: „Ne naaße Kläffbotz, der sich von anderen freihalten lässt und selbst nie einen ausgibt." Da war sie wieder, die „Kläffbotz", aber was bedeutet in diesem Zusammenhang „naaße"? Hat das mit Feuchtigkeit zu tun? Es ist wohl eher die Ableitung vom sogenannten Nassauer Studenten. „Die hatten vom Herzog von Nassau für Festivitäten das Privileg eines Freitisches erhalten und mussten für die Kost nicht zahlen", erläutert Dialektsprecher Josef Schwalb. Diese Erklärung gilt inzwischen als überholte Legende. Wahrscheinlicher ist die Herkunft vom Berliner Begriff „nass", der aus dem Rotwelschen stammt und so viel wie „schenken" bedeutet. Übrigens unterscheidet sich der Nassauer vom Schnorrer dadurch, dass er sich ganz offensichtlich und über einen längeren Zeitraum von anderen freihalten lässt. Und so jemanden hat heutzutage wohl niemand gerne im Haus.

DER KANN POHL HALE

Der Rheinländer an sich hat einen eigenen Wertekanon. Dabei geht es in der Regel um die „keit"-Charakteristika: Geselligkeit und Verlässlichkeit. Mit Letzterem hat auch diese rheinische Redensart zu tun. „Der kann Pohl hale" heißt auf Hochdeutsch: Der kann den Pfahl halten. Mit diesem knappen Sätzchen tut sich allerdings eine ganze Bedeutungswelt auf. Der Sprachwissenschaftler Peter Honnen vom Landschaftsverband Rheinland übersetzt das mit: „durchhalten, bei der Stange bleibend".

Der Pfahl hat also die Aufgabe, uns aufrecht zu halten, zu stabilisieren. Etwa so, wie die Bohnenstange das gleichnamige Rankgewächs hält.

Einen etwas anderen Akzent setzt Mundartsprecher Bauer Dopfer, alias Peter Kunze aus Vilich-Müldorf: „Man sagt, der kann net Pohl hale, der hat kein Rückgrat, kann sich nicht durchsetzen und hat keine eigene Meinung." Es hat also etwas mit Aufrichtigkeit im übertragenen Sinne zu tun.

In Bad Honnef gibt es seit 1874 die Karnevalsgesellschaft „Halt Pol". Deren Maskottchen ist ein älterer Mann mit Hut, der sich an einer Straßenlaterne festhalten muss. Offenbar ist sein Zustand promillebedingt von einer gewissen Hilfsbedürftigkeit geprägt. Wenn wir den Vorgang mit einer Nachsicht dahingehend verstehen, dass sich die Karnevalisten gegenseitig „die Stange halten", also brüderlich und kameradschaftlich miteinander umgehen, dann hat auch dies letztlich mit dem aufrechten Gang zu tun. Sie selbst übersetzen das mit: Wir bleiben bei der Stange. Und das ist ja durchaus ein Zeichen von Verlässlichkeit. Übrigens ist uns aus Leserzuschriften eine leicht abgewandelte, aber ebenso schlüssige Erklärung überbracht: Demnach ist der Satz auf den Pol und den Gegenpol bezogen, also eine physikalische Kraft. Und dann bedeutet es: Der kann mithalten und ist gleichwertig.

DER MÖÖCH WIE NE JRUSSE HOND PISSE

Es gibt im Dialekt sprachliche Wendungen, die unmittelbar assoziativ klar sind. Da muss man gar nicht viel erklären. Unsere rheinische Redensart heißt: „Der mööch wie ne jruße Hond pisse, kann ävve dat Been net huh jenooch hevve." Wir nähern uns der Bedeutung schrittweise. Erst einmal die Übersetzung ins Hochdeutsche: Der möchte wie ein großer Hund pinkeln, kann aber das Bein nicht hoch genug heben.

Es geht wieder einmal um die Frage des Charakters und der Persönlichkeit. Ist jemand authentisch oder versucht er, etwas darzustellen, das er gar nicht ist? Die erste Form des Schauspielenden ist der Angeber. Und genau der ist auch damit gemeint. Unsere Mundartsachverständigen sagen dazu: „Hier ist einer, der über seine Verhältnisse lebt, einer, der groß tut, sich dabei aber völlig überschätzt." Sehr häufig wird der Satz benutzt, wenn jemand über seinen tatsächlichen finanziellen und materiellen Rahmen hinaus agiert. Etwa, wenn er einen großspurigen Lebensstil pflegt, ihn aber eigentlich nicht bezahlen kann. Das dicke Ende kommt dann bestimmt. In Form eines hohen Schuldenberges.

Der Satz kann sich aber auch auf die Fähigkeiten und Fertigkeiten beziehen. „Einer, der alles machen möchte,

aber in Wirklichkeit nichts kann", beschreibt Mundartsprecherin Liesel Lorscheidt. Und das ist ein echtes Drama. Anders herum kann man sagen, derjenige hat die größte Lebenszufriedenheit, der weiß, was er kann, und der weiß, was er nicht kann. Und dem ist nichts hinzuzufügen. Der Glückliche!

Unser Sprachbild entstammt der Tierwelt. Genauer: der Hundewelt. Denn des Menschen liebster Vierbeiner nutzt den Akt des Gassigehens, um erstens sein Revier abzustecken und zweitens mit der Pinkelhöhe auch die Hierarchieposition zu markieren. Damit jeder nachfolgende Hund von vorneherein weiß, auf welcher Höhe der Hundegesellschaft er sich einzuordnen hat. Und wer versucht, das Bein höher zu recken, als er physiologisch kann, der fällt unweigerlich um.

DIE JEESS WOLL NE LANGE STÄTZ HANN

Viele rheinische Redensarten verfolgen einen erzieherischen Ansatz. Deshalb sind es gerade die Kinder, die mit derartigen Ansprachen bedacht werden. Und weil man als Kind noch besonders aufnahmefähig ist und engagierte Hinweise von Erwachsenen oft bleibende Gefühle erzeugen, können sich die Menschen auch noch ein Leben lang daran erinnern. Denn alles, was mit starken Gefühlen verknüpft ist, bleibt gut im Gedächtnis.

Bei der vorliegenden Redewendung war das offenbar so eindrücklich, dass uns gleich vier Zuschriften unabhängig voneinander erreichten, und das auch noch innerhalb weniger Tage – Zufälle gibt's. Es geht um den Satz: „Die Jeeß woll ne lange Stätz hann." Im Hochdeutschen würde man sagen: Die Ziege wollte einen langen Schwanz haben.

Landwirte und Zoologen wissen genau: Die Ziege hat nun mal einen kurzen Schwanz. Da ist nichts zu wollen. Und es sieht ja auch ganz putzig aus, wenn sie ihn schnell hin- und herbewegt. Benutzt wird der Satz – wie gesagt – besonders gerne bei der Kindererziehung. Mundartsprecher Klaus Decker erinnert sich, dass er als kleiner Junge einen amerikanischen Basketball haben wollte, an den nur schwer bis gar nicht heranzukommen war. Auf diesen Wunsch antwortete sein Großvater mit dem Satz von der

„Jeeß" und dem „Stätz". „Wo es auch gut passen würde, wäre, falls meine Frau auf die Idee käme, einen riesigen Diamantring einzufordern. Es passt also zu allem, was unerreichbar oder unrealistisch ist", meint Decker. Auch Leserin Claudia Schiefer kennt die Redewendung: „Meine Mutter hat den Satz immer verwendet, wenn ich etwas haben wollte und gemeckert habe, wenn ich es nicht bekam." Dialektsprecherin Ingrid Henkel, deren Großvater in Bonn, Großmutter in Köln und Mutter in Düsseldorf geboren ist, musste die Weisheit oft anhören, wie sie selbst sagt, weil sie „einfach zu viele Rosinen im Kopf hatte". Vor allem in den Kriegszeiten mussten viele Wünsche unerfüllt bleiben. Vom Verzicht spricht übrigens auch das gleichnamige Lied, das übersetzt so startet: „Es lag einer Ziege einst schwer auf dem Herzen, dass sie nur ein Stümpchen von Schwanz besaß. Der Schwanz, der wollte nicht wachsen, der klitzekleine Stümpchenschwanz." Die letzte Strophe enthält die Moral von der Geschicht': „Mensch, gib dich zufrieden, nutz, was du hast mit Geschick, denn es gibt viele, die haben auch nicht mehr als du!"

DIE SENN EENE KOPP ON EENE AASCH

Bei dieser Redewendung kommt eine ganz typische rheinische Sprachkonstruktion zum Einsatz, die stets eine Prise Komik in sich trägt. Es kommt immer wieder vor, dass einzelne Wörter in einen rheinischen Satz eingestreut werden, die das Niveau des Ganzen plötzlich und unerwartet absenken. Diese Überrumpelungsstrategie arbeitet bewusst mit dem Überraschungseffekt. Bevor man sich fragen kann, ob man so etwas überhaupt sagen darf, zündet der allgemein versöhnlich balsamierende Witz.

„Die senn eene Kopp on eene Aasch" ist so ein Fall. Es heißt für unsere Zugereisten wörtlich übersetzt: Die sind ein Kopf und ein … na ja … Hinterteil. Aber was bedeutet das im übertragenen Sinne, und wie wird es alltags eingesetzt?

„Da sind zwei, die sind dicke Freunde, aufeinander eingespielt wie ein Körper", erläutert Rheinisch-Sachverständiger Gisbert Stenz. „Sie haben viele gemeinsame Interessen. Das geht manchmal so weit, dass der eine nicht ohne den anderen kann." Ähnlich sagt es kurz und knapp der Bonner Karnevalist Willi Baukhage: „Das bezeichnet zwei, die sich blind verstehen."

Man kann es drehen und drücken, wie man will, die Redewendung bezeichnet zwei Freunde, die wie Pech und Schwefel zusammenhalten. „Die gleichen sich im Charakter, im Gehabe und den Redewendungen genau wie Zwillinge", sagt Mundartsprecher Hans Nolden. Eine verwandte Wendung ist „Speck un Schwart vun ene Art". Falls aber doch mal mehr als ein Blatt Papier zwischen die beiden Seelenverwandten passte und sie mal Krach gehabt haben, dann versöhnen sie sich schnell und sind bald ... – na? Wieder „eene Kopp on eene Aasch", richtig!

Konfliktfördernd könnte allerdings wirken, wenn man die beiden Freunde zwingen würde, sich zu entscheiden, wer nun welches Körperteil repräsentieren soll. Sehr heikel.

DIE TROMM HÄT E LOCH KRÄJE. DO ES EN HÖMM DREN

Es gibt diese Sätze, deren Verständnis so schwer zu erschließen ist, dass sie eine längere Fußnote oder sogar einen Beipackzettel verdient hätten. Wir haben es hier gleich mit zwei rheinischen Redensarten zu tun, die teilweise eine ähnliche Bedeutung haben und gleichermaßen schwer zugänglich sind. „Die Tromm hät e Loch kräje!" und „Do es en Hömm dren". Im Hochdeutschen heißt das: Die Trommel hat ein Loch bekommen. Da ist eine Hummel drin.

Und jetzt? Hier ist guter Rat teuer. Mundartsprecherin Wilhelmine Schönenberg weiß von ihrem Vater zu berichten, der ein eifriger Schlagzeuger war und im Überschwang schon mal so kräftig trommelte, dass danach im Klangfell ein Loch klaffte und jeder Schlag von einem Summen begleitet wurde.

Und Dialektfachfrau Melitta Klein erklärt den übergeordneten Sinn: „Wenn man etwas gut vorbereitet hat und der Tag kommt, es vorzuzeigen, dann aber ein Missgeschick passiert, so dass alles schiefgeht, dann hat die Trommel ein Loch."

Bestes Beispiel für die Hummel ist eine an sich gut vorbereitete Rede, die aber irgendwie schlecht läuft, nicht so gut ankommt wie gedacht, oder stilistisch schiefe Bilder enthält, so dass keiner der Zuhörer versteht, was gemeint ist.

Mundartsprecher Ernst Mainusch erzählt: „Wenn ein Fahrrad schleift, dann es en Hümm dren." Überhaupt, wenn irgendetwas nicht so funktioniert, wie man es sich vielleicht gewünscht hätte, wenn man einen Blackout hat, dann kann man sagen, die Trommel hat ein Loch oder da ist eine Hummel drin.

Und weil die Sprachbilder so witzig sind, können sie in der entsprechend frustrierenden Situation ein guter Blitzableiter sein. Der Ärger über das Versagen löst sich auf in einem kurzen Lacher. Damit ist die Anspannung raus aus der Situation. Der Weg ist frei für einen gelassenen Ausklang der Situation. Damit ist die Basis gelegt für einen erneuten Versuch. Denn am Ende heißt es: Immer wieder aufstehen und es beim nächsten Mal besser machen.

DO FINGE SIBBE KATZE KEEN MUUS MIH DRENN

Sehr häufig entstammen rheinische Redensarten dem bäuerlichen Lebensumfeld. Denn bis vor wenigen Jahrzehnten prägte die Landwirtschaft den Alltag in den Dörfern und Ortschaften der Region. Eine wichtige Ordnungshüterin auf dem Bauernhof ist die Katze, denn sie ist dafür zuständig, die lästigen Nager fernzuhalten, die gedenken, sich an der Ernte schadlos zu halten. Vor allem die Getreidescheune betrachten die Mäuse als Vier-Sterne-Restaurant. Im Kampf gegen die Schädlinge waren und sind die Katzen wichtige Helfer.

Ihnen werden in dieser Hinsicht beinahe übernatürliche, mindestens aber übermenschliche Fähigkeiten zugeschrieben. Sie sind äußerst behände, haben scharfe Augen, können sogar im Dunkeln sehen. Und sie können lange wartend in einer Position verharren, bis sie schließlich hervorschnellen und die Maus dingfest machen.

Der Satz „Do finge sibbe Katze keen Muus mih drenn" spielt mit der Erwartung ganz besonderer Fähigkeiten der Katze. Wörtlich übersetzt heißt das: Darin finden selbst sieben Katzen keine Maus.

Auf der Metaebene bedeutet dies allerdings: „Hier ist ein solch heilloses Durcheinander, dass man nichts mehr

findet", sagt Mundartspezialist Willi Baukhage. Ähnlich formuliert es Dialektsprecherin Elisabeth Schleier: „Da herrscht das totale Chaos." Und Rheinisch-Sachverständiger Josef Schwalb ergänzt: „Das Zimmer ist so eng, dass man sich nicht drehen kann." Das könnte man als tragisch für die Katzen bezeichnen, denn in diesem Falle müssten sie hungern. Keine schöne Perspektive.

Interessant an dieser Redensart ist, dass die Bedeutung aus dem Sprachbild herausgelöst wird und einen ganz anderen Inhalt erhält. Tatsächlich geht es nicht um Katzen und Mäuse, sondern um eine riesengroße Unordnung, möglicherweise in einem winzigen Zimmer. Und weil es heutzutage für viele altbekannte Phänomene neue Begriffe gibt, hat man das schöne Wort „Messie" erfunden. Wer nicht mehr Herr über seine Ordnung ist, dem helfen tatsächlich auch keine sieben Katzen.

DO HÄST DU DE ÜHL OM DAACH

Um eine der niedlichsten Redensarten im Rheinischen wollen wir uns hier kümmern. Dabei ist besonders bemerkenswert, dass der Satz zwar eine Vielzahl an Deutungen zuließe und auch eine schier unerschöpfliche Zahl an Einsatzmöglichkeiten böte. Tatsächlich wird er aber stets in einem bestimmten Zusammenhang vorgebracht. Es geht um die Formulierung: „Do häst du de Ühl om Daach." Auf Hochdeutsch heißt das: Da hast du die Eule auf dem Dach.

Die Exegese ist hier keinesfalls ein Selbstläufer. Ja, man braucht schon ein bisschen Vorwissen. Oder wenigstens eine gewisse Lebenserfahrung. Denn am häufigsten trifft man diesen Satz wohl im Umfeld der rheinischen Kneipenkultur an. Nämlich immer dann, wenn zu vorgerückter Stunde ein Herr zum anderen spricht. Vielleicht ist er ein bisschen spät dran für den Nachhauseweg, oder er hat merklich ein Kölsch mehr als die Kumpane intus.

Dann kann es sein, dass der Satz fällt: „Wenn do noh Huus küss, häst do de Ühl om Dach." Dem Delinquenten droht demzufolge Ungemach, falls er zu spät und/oder beeinträchtigt von außen die Haustür aufschließt. Die Furcht personifiziert sich in der Beziehungsberechtigten – der Ehefrau. Das Klischee vergangener Jahrzehnte führte zu witzig gemeinten Zeichnungen, die eine Frau mit Nudelholz hinter der Eingangstür zeigt. In Zeiten der Gleichberechtigung – oder Gender-Mainstreaming, wie man auf gut Hochdeutsch sagt –, gibt es das natürlich nicht mehr.

Wie dem auch sei, die Eule gilt als Nachtvogel vielen als Zeichen drohenden Unheils. Und genau daraus erklärt sich die Redensart. Hat jemand die Eule auf dem Dach, dann ist höchste Vorsicht geboten. Wir empfehlen also entweder vorab ein tugendhaftes Leben oder im Nachhinein die regelmäßige Nutzung eines Schutzhelmes. In der Literatur findet der schlechte Ruf der Eule seinen Niederschlag etwa im Drama „Julius Cäsar" von William Shakespeare. Ein Eulenschrei kündigt darin den Mord am Kaiser an. Und auch in „Macbeth" ruft die Eule während des Mordes. Man sollte die Eule auf dem Dach also niemals auf die leichte Schulter nehmen.

DO KUMME DE JEESSELÖRE HIPPEBÖCK

Der Dialekt bietet die schöne Möglichkeit, seine Zeitgenossen freundlichst zu beschimpfen. Eine besondere Form stellen die Aliasnamen für Bürger benachbarter Dörfer dar. Damit geht die unausgesprochene Behauptung einher, die Nachbarn seien in gewisser Hinsicht Träger eines gemeinsamen Wesenszuges. Erstes Beispiel dieser Sorte ist: „Do kumme de Jeeßelöre Hippeböck." Wörtlich übersetzt: Da kommen die Geislarer Ziegenböcke. Hier werden also die Menschen aus Geislar augenzwinkernd als Ziegenböcke bezeichnet. Woraus hat sich diese Verunglimpfung entwickelt? Man darf vermuten, dass sich die Ziegenböcke direkt aus dem Wortstamm Geislar herleiten. Man denkt bei diesem Ortsnamen sofort an die Geiß oder Ziege.

Eine Liste mit Ortsbeschimpfungen der Region hat der renommierte Mundartforscher Herbert Weffer in seinem Bönnschen Wörterbuch veröffentlicht. Und da dokumentieren sich in der Begriffsherkunft ganz handfeste Bezüge. Die „Bärcheme Muttkrade" (Bergheimer Schlammkröten) weisen auf schlammiges Gebiet hin. Die „Ippendoreve Bäsemskräme" (Ippendorfer Besenverkäufer) sind ein Fingerzeig auf das vorherrschende Handwerk. Die „Rehde Rabarbebuere" (Rheidter Rhabarberbauern) bauten in der Niederkasseler Ebene eine Menge dieser Knöterichgewächse an.

Sehr speziell sind die „Spiche Bleimöpp" (Spicher Bleidiebe), denn in der Wahner Heide war seit den alten Preußen das Truppenübungsgelände. Und da holten sich die Spicher gerne – aber verbotenerweise – die liegengebliebenen Bleikugeln aus dem Heidesand und verkauften sie zum Zwecke einer kleinen Nebeneinkunft. Die „Eicheme Bottemelech" (Eschmarer Buttermilch) zeigt, dass in dem Troisdorfer Stadtteil die Buttermilch und die Buttermilch-Bohnensuppe als lokale Spezialität gilt. Lecker! Wenn's gut gemacht ist. Kurios ist die Bezeichnung „Dóttendóreve Dänemärke", die überwiegend von den Kessenichern für die Nachbarortschaft verwendet wurde. Hinter der Bergstraße begann vom Haribo-Stadtteil Kessenich aus gesehen Dänemark. Das war Dottendorf und zugleich Feindesland. Die Rivalität zwischen den beiden Ortschaften war so ausgeprägt, dass mitunter Steine flogen. Das hat sich Gott sei Dank im Laufe der Zeit geändert. Der Spitzname ist aber immer noch präsent.

DRÄCK SCHÜET
DE MARE

Diese rheinische Redensart ist Ausdruck des häufig zelebrierten Kulturkampfes Stadt und Land, gestern und heute. Fast jeder Rheinländer kennt die Formulierung „Dräck schüet de Mare". Wörtlich übersetzt heißt das: Dreck scheuert den Magen. Auf Anhieb klingt das wie ein Widerspruch, denn es soll bedeuten, dass Dreck den Magen reinigt. Tatsächlich handelt der Satz vom Thema Hygiene.

Mundartsprecherin Wilhelmine Schönenberg erinnert sich: „Das hat meine Mutter oft gesagt, wenn wir schon in den Apfel gebissen hatten, er aber noch nicht gewaschen war." Und Dialektsachverständige Elisabeth Schleier ergänzt: „Es hieß auch oft: Lass das Kind ruhig im Rinnstein spielen, sei nicht so pingelig, Dreck scheuert den Magen." Rheinischkenner Hans Nolden berichtet: „Da ist ja viel Wahres dran, heutzutage gibt es vor allem in der Stadt Allergien noch und nöcher, weil bei diesem hohen Hygienestandard die körperlichen Abwehrkräfte nichts mehr haben, gegen das sie sich wehren müssen." Auf dem Land seien solche Überreaktionen viel seltener.

Ob dem tatsächlich so ist, sei einmal dahingestellt. Das Gefühl, dass man früher mit dem Thema Dreck anders umgegangen ist, teilt auch Mundartfachmann Josef Schwalb: „Die Redensart ist gedacht für Leute, die so pin-

gelig sind, dass sie ein Bonbon, das in den Dreck gefallen ist, nicht mehr essen. Früher haben wir das aufgehoben, abgerieben und weitergegessen." Und Dialektsprecherin Liesel Lorscheidt bestätigt die Beobachtung, dass in ihrer Jugend gerade die leicht unsauberen Mitschüler seltener krank waren, weil sie offenbar ihre Abwehrkräfte regelmäßig schulten.

Und es gibt die Geschichte von dem Nachbarn, der hauptberuflich Biologe ist und der den Plastiksandkasten seiner Kinder vorsichtshalber nicht mit Sand füllte, sondern leer ließ, weil sich darin Krankheitserreger entwickeln könnten. Selbstverständlich waren diese Kinder mindestens so oft krank wie ihre Altersgenossen, wenn nicht sogar häufiger.

DREIMOL ÖMJETROCKE ES ESU JOOT WIE EEMOL AFFJEBRANNT

Wir beschäftigen uns hier einmal mit Alltagsproblemen, die nicht nur in unserer Region vorkommen, deren Beurteilung allerdings mit rheinischer Perspektive einer gewissen Gelassenheit Vorschub leisten kann. Es geht um die rheinische Redewendung: „Dreimol ömjetrocke es esu joot wie eemol affjebrannt." Übersetzt ins Hochdeutsche heißt das: Dreimal umgezogen ist so gut wie einmal abgebrannt.

Da ist nicht viel philosophisch hineinzugeheimnissen. Das bestätigen auch unsere Mundartsachverständigen. „Wenn man umzieht, dann werden die Möbel teilweise beschädigt. Man stößt eine Kante ab und Ecken in eine glatte Fläche", sagt Dialektsprecher Josef Schwalb. Die „Umzieherei" werde ja auch meist hastig realisiert und wer spare, der habe eben auch keine Fachleute zur Hand. Und Rheinischkennerin Melitta Klein ergänzt: „Wenn man öfter umzieht, wird das unbeschädigte Mobiliar immer weniger. Außerdem gibt es Dinge, die von der Größe her nicht in die neue Wohnung passen und deshalb nicht mitgenommen werden können." Das alles führt dann dazu, dass man aus statistischer Warte davon ausgehen kann: Nach drei Umzügen muss das Mobiliar einmal komplett neu beschafft werden. Oder wenigstens befindet es sich in einem Zustand, dass es eigentlich neu beschafft werden müsste. Einen etwas fiesen Scherz steuert Mundartsprecher Dieter Ziesenhenne bei: „Nach dem Umzug besucht der Freund den Freund, schaut sich um und sagt: ‚Oben liegt deine Frau, die ist tot.' Da sagt der Mann: ‚Hast du schon mal einen Umzug gesehen, bei dem nichts kaputt geht?'" Das ist natürlich geschmacklos, und wir distanzieren uns davon.

Es hilft aber nichts. Dies alles illustriert ganz plastisch, dass jeder Umzug eine Schlacht mit schweren Verlusten ist. Und deshalb ist davon nach Möglichkeit abzuraten. Die Redensart schärft also den Realitätssinn, bei der Lebens- und Umzugsplanung auch den privatwirtschaftlichen Schaden zu bedenken. Und alles zu lassen, wie es ist.

DU HÄSS JO ET SCHOSS ERUSS

Schöner als im Rheinland lässt es sich nirgendwo beleidigen. Fantasievoller kann keine Volksgruppe ihre Mitmenschen beschimpfen. Und immer ist ein guter Schuss Humor dabei, so dass der Adressat nicht vollständig auf die Palme klettern muss. Der hiesige Dialekt verkleinert in jenen Fällen die Verbalattacke zur zarten Neckerei. Bierernst ist da also nicht angebracht.

Das gilt auch für diese rheinische Redewendung: „Du häss jo et Schoss eruss" ist an sich schon sehr lautmalerisch und heißt ins Hochdeutsche übersetzt: Du hast ja die Schublade raus.

Genauso wie man sonst vielleicht sagen würde: „Du hast nicht mehr alle Tassen im Schrank", ist da von einem Defizit die Rede. Irgendetwas fehlt, was eigentlich da sein sollte. Schön ist auch die verwandte Wendung: Der ist ein bisschen kurz unter der Mütze. Ja, es ist leicht zu erraten, es geht um intellektuelle Hilflosigkeit. Da stellt sich einer dumm an. In diesem Fall muss das Bild des Schrankes herhalten, dem eine Schublade fehlt.

Sprachforscher Peter Honnen vom Landschaftsverband Rheinland hat in seinem Regionalwörterbuch erläutert, weshalb „Schoss" so viel heißt wie Schublade. Der Begriff

ist demnach üblich im Gebiet zwischen Nordeifel und südlichem Niederrhein. Und es ist abgeleitet vom „Schießen" des Bäckers, der noch heute das Brot in den Backofen „einschießt". Für diejenigen, die eine ungeordnete Krimskrams-Schublade ihr Eigen nennen, sei übrigens erwähnt, dass das Rheinische dafür das Wort „Rummelsschoss" bereithält. Da wäre es manchmal sogar wünschenswert, wenn sie „et Schoss eruss" hätte. Denn das wäre der erste Schritt zur Besserung.

DU MÄSS US NIX NOCH WINNIGE

Die rheinischen Redensarten haben immer eine tiefere Intention, die über die wörtliche Bedeutung hinausgeht. Wenn es nicht um gewitzte Beleidigungen oder pointierte Charakterzuweisungen geht, dann ist die Absicht oft erzieherischer Art. Das gilt auch für diesen Satz, den uns Leserin Christa Nuhn zugeschickt hat. „Du mäß us nix noch winnige". Das heißt zu gut Hochdeutsch: Du machst aus nichts noch weniger.

Die Redensart ist ein idealtypisches Exemplar der rheinischen Dialektik. Denn nichts ist ja schon nichts, wie soll man daraus noch weniger machen? Weniger als nichts ist

auch nichts. Wie ist es also gemeint? Unsere Mundartsprecherin berichtet: „Ein alter Handwerksmeister hat das mal zu einem Lehrling gesagt, der eine Arbeit total in den Sand gesetzt hatte."

Das ist durchaus stimmig. Der Lehrling verfügt noch nicht über die Meistergüte, kann also überspitzt gesagt „nichts". Und wenn das noch in die Hose geht, ist das weniger als nichts.

Und im Alltag trifft man solche Situationen doch häufiger an. Die Erwartungen sind schon nicht hoch, aber es kommt noch viel schlimmer. Der Theologe würde da wahrscheinlich vom Hiob-Prinzip sprechen. Nachzulesen im Alten Testament des Buches der Bücher. Der arme Hiob wird von einem Schicksalsschlag nach dem anderen getroffen und es wird immer noch schlimmer. Sein Geheimnis ist allerdings, dass er an seinem Gottesglauben festhält.

Übertragen auf den rheinischen Alltag sollte das wohl heißen: Selbst wenn man mal aus nichts noch weniger gemacht hat, sollte man nicht nachlassen, das Gute zu wollen. Und das ist doch ein guter Vorsatz, den hoffentlich auch der Lehrling des angesprochenen Beispiels beherzigt hat. Dann könnte er heute ein wahrer Meister sein.

EENEM ET BRUT NÄMME, ÄVVE KEENEM ET BRUT JÄVVE

Es gibt Sätze, die Seltenheitswert haben, und manche, die nur in bestimmten Familien bekannt sind und angewendet werden. So einer ist diese recht seltene rheinische Redensart. Mundartsprecher Peter Nettekoven senior hat sie uns geschickt. Es geht um die Feststellung, dass man „eenem et Brut nämme, ävve keenem et Brut jävve" kann. Zu gut Hochdeutsch heißt das: Einem das Brot nehmen, aber keinem das Brot geben.

Der Reiz der Redewendung besteht, wie so oft, in Rhythmus und Klangfolge der Vokabeln. „Ävve" und „jävve" sowie „eenem" und „keenem" sind klanglich ähnlich, aber von der Bedeutung her gegensätzlich. Wenn man den Satz gesprochen hört, muss man ihn erst noch einmal vor dem geistigen Auge vorüberziehen lassen, ihn analysieren, bevor man ihn versteht.

Uns hilft Mundartsprecher Nettekoven: „Mein Vater gab mir schon in meiner Jugend den Hinweis, dass ich in meinem weiteren Leben immer bedenken solle, dass ich „eenem et Brut nämme, ävve keenem et Brut jävve könnte". Er meinte damit, dass ich in meinem größten Zorn auf jemanden darauf achten solle, dass ich mit meiner Reaktion meinem Kontrahenten nicht die Existenz nehmen solle, die ich ihm nicht wieder zurückgeben könne. Ich solle also fair und angemessen, eher barmherzig in meiner Wut bleiben. Ich habe diesen Spruch sonst nirgendwo gehört."

Tatsächlich ist es doch so, dass man viel leichter etwas zerstört, als es wiederaufzubauen ist. Das gilt vor allem für Zwischenmenschliches, das auf Vertrauen und Freundschaft basiert. Insofern hat der Vater unseres Mundartsprechers gut daran getan, an die Gefahren überzogener Reaktionen zu erinnern.

ENEM DE AASCH DRIISSE DRARE

Der Dialekt hat zuweilen den Ruf, auf der Straße geboren und auch dort beheimatet zu sein. Das ist mehr Fluch als Segen. Denn seit einigen Jahrzehnten wird er deshalb als Beispiel einfacher Sprachstruktur (miss-)verstanden.

Das ist einerseits natürlich ungerecht, weil er doch oft eine alltagsphilosophische Ebene besitzt, die komplizierte Inhalte kurz und knapp auf einen Nenner zu bringen vermag. Andererseits rührt das tendenziell negative Urteil daher, dass das Rheinische durchaus einen Hang zu Derbheiten nicht verleugnen kann.

Eine solche Redensart haben wir vor uns in dem Satz: „Enem de Aasch driiße drare." Es erfüllt durchaus mit Erleichterung, dass uns der Satz von Mundartsprecher Volker Hoenerbach zugeschickt wurde, der einen Doktortitel führt. Wir dürfen deshalb eine akademische Grundhaltung voraussetzen, die nicht auf die einfache Pointe zielt.

Auf Hochdeutsch übersetzen wir den Satz vornehm mit: Jemandem das Hinterteil zur Stoffwechsel-Endproduktion tragen. Und im übergeordneten Sinne ist damit gemeint: Jemandem übermäßig helfen oder jemanden verwöhnen. Damit können wir den Sinn der Redensart dem Erziehungssektor zuordnen. Es war früher verpönt, Kinder übermäßig zu schonen oder von der Realität fernzuhalten. Der Nachwuchs musste früh mithelfen im Haus und auf dem Hof, er musste essen, was auf den Tisch kam, und er hatte zu schweigen, wenn die Erwachsenen das Wort führten.

Diese Zeiten scheinen vorbei zu sein. Das mögen die einen begrüßen und die anderen bedauern. Es dürfte aber dabei bleiben, dass es den Kindern nicht schadet, gefördert und gefordert zu werden. Nur so können sie ein selbstständiges Leben lernen. Und da ist auch der selbstbestimmte und geeignete Umgang mit den Stoffwechselendprodukten inbegriffen.

HAMME NE HAMMER, HAMME OCH EN ZANG

Die rheinischen Redewendungen haben zuweilen etwas Spielerisches an sich. Da geht es dann nicht in erster Linie um eine bedeutungsgenaue Aussage, sondern um ein Sprachspiel, das sich aus der Lautfolge ergibt. Das gilt auch für den Satz, den uns ein uns gewogener Leser zugeschickt hat: „Hamme ne Hammer, hamme och en Zang."

Die Wendung ist auch für Hochdeutsch Sprechende leicht zu verstehen: Haben wir einen Hammer, dann haben wir auch eine Zange. Der sprachliche Reiz besteht in dem Gleichklang von „hamme" und Hammer. Aussagetechnisch soll das besagen: Wir sind gut ausgestattet, alles ist vorhanden. Denn wenn wir einen Hammer unser Eigen nennen, dann besitzen wir mit Sicherheit auch eine Zange.

Das ist natürlich pars pro toto gemeint. Eine gut sortierte Heimwerkstatt hat ganz selbstverständlich all das: Hammer, Zange, Zollstock, Wasserwaage, Nägel und Schrauben usf.

Das ungleiche Paar Hammer und Zange haben auch die Bläck Fööss in ihrem Song vom Hausmeister Kaczmarek aufgegriffen: „Hamme keine Hammer, jo dann nemme mer de Zang. Hamme keine Hammer un finge mer kein Zang, ja dann nemme mer su lang de Iesestang." Kernaussage an dieser Stelle: Der Hausmeister ist ein Meister im Impro-

visieren und kann sich auch behelfen, wenn er nicht die passenden Werkzeuge zur Hand hat. Einmal ganz davon abgesehen, dass auch De Räuber in ihrem Lied „Dat es ene Hammer" die Bläck-Fööss-Liedzeile zitiert haben, ist es doch beruhigend, einen Hausmeister an seiner Seite zu wissen, der jedes Problem zu lösen vermag, egal wie voll der Werkzeugkasten ist.

HE RÜCH ET NOH MINSCHE

An dieser Stelle menschelt es bei unseren rheinischen Redensarten in doppeltem Sinne. „He rüch et noh Minsche" ist schnell übersetzt: „Hier riecht es nach Menschen", lautet die wörtliche Transkription für die Zugezogenen.

Jetzt könnte man hingehen und schnell einen Haken dranmachen, denn die Bedeutung scheint keinerlei Geheimnis zu bergen.

Interessant ist allerdings, dass es sich hier um ein Phänomen handelt, das ansonsten vermehrt in den alten Sprachen Latein und Altgriechisch auftritt. Achtung, jetzt wird es ein bisschen wissenschaftlich: Die grammatikalische Erscheinung der Auto-Antonyme ist hier wirksam. Antonyme bezeichnen gegensätzliche Begriffe wie laut und leise, warm und kalt. Auto-Antonyme sind eine ganz

spezielle Gattung der Gegensätze. Denn hier werden die Gegensätze mit ein und demselben Begriff bezeichnet. Im Hochdeutschen etwa „Untiefe", das sowohl sehr tief als auch sehr flach bedeuten kann. Genauso „Unkosten" oder „übersehen" (nicht sehen und überblicken).

Und so ist es auch bei „Hier riecht es nach Menschen." Denn zum einen gilt die wörtliche Bedeutung im Sinne von: Hier stinkt es ein bisschen. „Wenn irgendwo schlechte Luft ist, im Café oder Zug, dann hört man den Satz", berichtet Mundartsprecherin Liesel Lorscheidt. „Manchmal muss man Leute besuchen, die nicht gelüftet haben, da riecht es vielleicht nach Bier oder alten Kleidern", ergänzt Dialektsachverständige Melitta Klein. Eine Bedeutung im übertragenen Sinne kennt Rheinischkenner Gisbert Stenz: „Hier ist das allgemeine Klima schlecht."

So oder so geht es um den Wohlfühlfaktor. Und an dieser Stelle kommen wir zur Gegensatzbedeutung. Wie Mundartsprecher Hans Nolden erläutert: „Es kann auch bedeuten, dass man sich in einer Gesellschaft wohlfühlt. Es ist ja auch möglich, den Duft von anderen Menschen als angenehm zu empfinden." Und so sind wir in Windeseile wieder beim rheinischen Dualismus angelangt. Man kann nicht miteinander, und man kann nicht ohne einander. Eine Zwickmühle, die in Wirklichkeit keine ist.

HEE E LÄPPCHE ON DO E LÄPPCHE, JITT ZESAMME E KENDEKÄPPCHE

Allein die Häufung der ähnlich lautenden Vokale E und Ä macht diese Redewendung zu einer sprachlichen Attraktion. Insgesamt 14 kann der interessierte Zeitgenosse zählen. Aber was bedeutet dieser sinnfällige rheinische Spruch. „Hee e Läppche on do e Läppche, jitt zesamme e Kendekäppche" müssen wir für die Zugewanderten erst einmal ins Hochdeutsche transferieren: Hier ein Läppchen und dort ein Läppchen gibt zusammen ein Kinderkäppchen. Oder: Hier ein Lappen und dort ein Lappen, gibt zusammen eine Kinderkappe. Seine Schönheit bezieht der Satz zweifellos aus seinem Rhythmus und der Vokalreihung.

Mundartsprecherin Maria Kopp erinnert sich an den Satz als einen, der die Strategie einer sparsamen Hausfrau beschreibt. Aber auch der Hausherr kann gemeint sein, jemand, der sich von nichts trennt, weil es ja eventuell noch zu gebrauchen ist. „Es ist der Gedanke, man soll nichts einfach wegwerfen, wer weiß, wofür man es noch gebrauchen kann?", formuliert Dialektfachmann Josef Schwalb. Und seine Kollegin Melitta Klein konkretisiert: „Wenn ich hier etwas Kleines habe und dort etwas Kleines, dann kann ich das zusammenfügen und daraus etwas Großes machen.

Unterm Strich ist es die Aufforderung zum Sparen."

„Kleinvieh macht auch Mist", wäre etwa das hochdeutsche Synonym. Es gibt noch weitere ähnliche Ausdrücke: Hier ein Brettchen, dort ein Brettchen, gibt zusammen ein Kinderbettchen. Und Mundartsprecherin Wilhelmine Schönenberg fasst es pointiert zusammen: „Viel Kleines macht ein Großes."

Insofern ist der Satz ungewöhnlich aktuell. Denn er stemmt sich gegen die schlechte Sitte, Dinge leichtfertig wegzuwerfen und sofort Ersatz zu besorgen. Kaputt – neu! Könnte man dazu sagen. Und das hat wirklich nichts mit Sparsamkeit zu tun.

ICH BEN EN DE BONNE, ÄEZE AM PLÖCKE!

Die rheinischen Gleichnisse stammen meist aus der Küche oder der Landwirtschaft. Ein schönes Beispiel dafür ist die Redewendung: „Ich ben en de Bonne, Äeze am plöcke!" Da muss man zunächst mal ganz behutsam ins Hochdeutsche übersetzen: Ich bin in den Bohnen und pflücke Erbsen. Wobei diese Langversion eher selten eingesetzt wird. Oder der zweite Teil der Wendung wird nach einer kleinen Kunstpause nachgeliefert. Ich bin in den Bohnen – (Pause) – und pflücke Erbsen. Aber was soll das bedeuten? Ich bin im richtigen Moment am falschen Ort?

Antwort: „Ich bin zerstreut, ich bin gar nicht bei der Sache", übersetzt Mundartsprecher Josef Schwalb. „Ich habe total den Faden verloren, habe mich so sehr verrannt, dass ich nicht mehr weiß, was ich sagen will", ergänzt Dialektfachmann Hans Nolden. Und auch Rheinischkennerin Maria Kopp weiß ein Lied davon zu singen: „Ich bin durcheinander, wollte etwas erzählen, weiß aber nicht mehr weiter." Etwas anders paraphrasiert es Mundartsprecher Karl Friedrich Schleier: „Ich weiß nicht mehr, wo vorne und hinten ist, ich bin vollständig verbaselt."

Die Situation ist klar: Man hält eine Rede, vielleicht die Festrede als Brautvater bei der Hochzeit, man konnte sie auswendig, hat auf einen Zettel verzichtet oder – eine

ganze Nummer kleiner – man spricht gerade mit dem Nachbarn, will etwas erklären, und verliert plötzlich den Faden. Blackout. Nichts geht mehr. Man kann sich partout nicht mehr erinnern, was man sagen wollte. Die Gedanken rasen. Suchen nach Anknüpfungspunkten. Wo war ich stehen geblieben? Das ist ein Befund, der mit zunehmendem Alter auch akuter wird.

Dann redet man vielleicht weiter, um die Zeit zu überbrücken und dabei verirrt man sich irgendwo zwischen Ewigkeit und Nirgendwo. Dann hilft nur noch Ehrlichkeit. „Ich ben en de Bonne" ist der Satz, der mit ein bisschen Humor über die peinliche Stille hinweg hilft. Und vielleicht findet der Sprecher ja seinen Faden wieder.

Zwischenspiel: Schöner schimpfen

DIE ELF BELIEBTESTEN RHEINISCHEN BELEIDIGUNGEN

Bei rheinischen Schimpfwörtern ist der Gegensatz von Intention und wörtlicher Übersetzung geradezu unüberbrückbar groß. Schnell hat man jemanden augenzwinkernd als „widdeliches Sackjeseech" bezeichnet. Aber niemand käme hier auf die Idee, das tatsächlich als „widerliches Jute-Antlitz" verstehen zu wollen. Das Gleiche gilt für so klangvolle Ausdrücke wie: Aapefott, Ädäppelsnas, Ähzezäller, Baselemanes, Drömeldier, Düsseldorfer, Flaatschmuul, Halfjehangs, Jesocks, Klaafmul, Labbes, Luusschhöhnsche, Möckeföttche, fiese Möpp, Pilledresser, Quallmann und Schlappmanes.

Diese Art der Ansprache erfüllte, auf Hochdeutsch formuliert, teilweise den Straftatbestand der Beleidigung oder üblen Nachrede. Nicht auszuschließen wäre eine Reaktion des so Titulierten, die an körperliche Gewalt heranreicht. Gut, dass diese Begriffe im Kern unübersetzbar bleiben und auf diese Weise ihren sprachlichen Zauber bewahren, der seine Wurzeln im Humus des rheinischen Humors verankert.

1 Sackjeseech – Sackgesicht
Das Sackjeseech ist ein Schimpfwort der Extraklasse, denn es ist universell einsetzbar. Im Kern ist es freundlich abwertend gemeint, kann aber auch einen Hinweis auf

ästhetische Fragwürdigkeit des Antlitzes bedeuten. Soll heißen: Der Angesprochene ist nicht ganz so hübsch. Das Attribut „Sackjeseech" kann man sich aber auch durch jegliches Fehlverhalten erarbeiten.

2 Kläffbotz – Klebriger Zeitgenosse
Die Kläffbotz ist ein Gast, der nicht gehen will. Er hat offenbar eine Hose an, mit der er an seinem Sitz klebt, und er will auch gar nicht gehen. Der Ausdruck kann aber auch bei Menschen verwendet werden, die an der Theke stehen.

3 Blötschkopp – Blödmann
Der Blötschkopp ist einer, der die meisten komplizierteren Sachverhalte nicht versteht. Das Gehirn funktioniert nicht in dem Umfang, wie man es von einem Durchschnittsbürger erwarten würde.

4 Kniesbüggel – Geizkragen
Ein Kniesbüggel (wörtlich: Schmutzbeutel) ist jemand, der unsauber und ungepflegt ist, kein Geld für sein Äußeres ausgibt. Deshalb kennt man ihn im Rheinland eigentlich nur noch als Inbegriff des Geizkragens. Daraus ist das Adjektiv „kniestich" (für das Wort geizig) entstanden: „Da ist der viel zu kniestich für" sagt man auch in der Umgangssprache.

5 Fiese Möpp – Gemeiner Hund
Der „Fiese Möpp" ist eine unangenehme Person, bei der man aufpassen muss. Er kann hinterlistig sein oder offensiv unangenehm. Da ist der Rheinländer nicht wählerisch.

6 Nöttelefönes – Nörgler

Zum Nöttelefönes erläutert der Sprachforscher Peter Honnen vom Landschaftsverband Rheinland: Wenn man in der Bonner Region nach einem besonders typischen Mundartwort fragt, ist der Nöttelefönes immer ganz vorne dabei. Denn es ist ein Wort, das so seltsam und lustig klingt, dass Nichtrheinländer nur noch Bahnhof verstehen. Aber auch viele junge Leute in der Bonner Region dürften mit dem Wort nicht mehr viel anfangen können.

Ein Nöttelefönes ist ein notorischer Nörgler, der an allem und jedem etwas auszusetzen hat, überall ein Haar in der Suppe findet und deshalb immer für schlechte Stimmung sorgt. Die Rheinländer scheinen diesen Typ besonders zu fürchten, denn es gibt in den rheinischen Mundarten unzählige Wörter, die alle Schattierungen dieser Nörgelei bezeichnen.

7 Schwadlappe – Schwätzer

Beim Schwadlappe geht es um „Schwätzer" und auch um „Schwätzerinnen". Das Tätigkeitswort „schwaade" (schwätzen, schwadronieren) hat sein ursprünglich einmal vorhandenes r verloren (schwarde). „Schwadschnüss" ist eine analoge Bildung.

8 Stronzbüggel – Angeber

Die wörtliche Übersetzung von Stronzbüggel wäre vielleicht: Prahlbeutel. Denn das Angeben in der Variante Strunzen leitet sich von mittelalterlichen Wortstamm „Strunsen" ab. Und das bedeutet Prahlen. Der Beutel ist

eine Versächlichung des Angebers, was doch eine niedliche Verballhornung ist.

9 Mutzepuckel – Melancholiker
Der Mutzepuckel ist ein Nörgler, Miesepeter oder Griesgram, der die ganze Stimmung kaputtmacht. Im Rheinland also ein nicht wirklich gern gesehener Gast, denn er kann jede Party kippen und zur Trauerfeier werden lassen.

10 Tütenüggel – Waschlappen
Am Tütenüggel (oft als Tüütenüggel gesprochen) kommt man einfach nicht vorbei. Der ist ein wunderlicher Mensch, ein Tollpatsch oder Dummkopf. Neuerdings ist ein Typus hinzugekommen, den es früher gar nicht gab: das Weichei und der Frauenversteher. Woran man sieht, dass die Bezeichnung keineswegs veraltet, sondern noch quicklebendig ist.

11 Windbüggel – Schaumschläger
Dem „Windbüggel" wird mit rheinischem Humor unterstellt, hochnäsig und angeberisch zu sein. Auf jeden Fall gleicht er dem Gebäck, das aufgeblasen ist und viel Luft enthält. Eben ein Windbeutel mit wenig Inhalt.

ICH BEN JÄTT
HINGE WIDDE

Auf der Straßenkarte der rheinischen Redensarten gibt es vielbefahrene Autobahnen, ruhigere Landstraßen, Einbahnstraßen, Sackgassen und sogar Spielstraßen, die so gut wie nie benutzt werden. Manche Dialektwendung ist praktisch jedem bekannt, sie ist sogar in den allgemeinen Sprachgebrauch jenseits des Dialektes eingewandert, manche dagegen wird nur in einem engeren Umfeld benutzt. Teilweise ist sie nur innerhalb einer Familie tradiert, ohne dass man sagen könnte, sie gehörte tatsächlich zum Allgemeinwissen.

Letzteres betrifft möglicherweise die vorliegende Redensart: „Ich ben jätt hinge widde". Wer sich umhört unter den Mundartsachverständigen, der erntet vielfach Schulterzucken. Was soll das bedeuten? Aufklärung kann Josef Breuer aus Bonn bringen. Wörtlich ins Hochdeutsche übersetzt bedeutet der Satz: „Ich bin etwas hinten wieder."

Oder sinngemäß: am Anschlag. Tatsächlich handelt es sich um eine Sammelformulierung für „nicht gut drauf", „lustlos" oder „abgeschlagen" sein. Unser Sprachinformant Breuer nennt ein signifikantes Beispiel: Wenn er seine Frau fragt, ob sie mit in die Stadt fahren will, kann es sein, dass sie mithilfe dieser Redensart abwinkt. Wenn er daraufhin eine kleinere Anschaffung zu ihrem Gusto in Aussicht stellt, kann sich ihre Meinung schlagartig ändern.

Nur wenn sie sagt, „ich ben ärch hinge widde", also „ich bin arg am Anschlag", dann ist wirklich gar nichts zu machen. Komme, was da wolle. Da zeigt sich mal wieder die Doppelbödigkeit der rheinischen Sprache. Hier heißt es immer wieder, sorgfältig zwischen den Zeilen zu lesen und auch mal frühzeitig eine Tendenz zu identifizieren, die logisch gar nicht enthalten ist. In einer ablehnenden Formulierung kann sich durchaus eine verklausulierte Zustimmung verstecken.

Da kommt es auf die Nuancen der Betonung an. Und natürlich auf den Gesamtzusammenhang. Im vorliegenden Fall unterscheiden sich ein „möglicherweise" vom kategorischen „Nein" nur durch die Worte „etwas" und „arg". Eigentlich keine große Sache, aber am Ende vielleicht der Unterschied zwischen belebendem Glücksgefühl und lähmender Langeweile. Selbst schuld!

ICH HANN ENE HALS BES MUFFENDORF

Wer sich mit den Feinheiten des Dialekts auskennt, der kann von der Aussprache einzelner Wörter auf die genaue Herkunft des Sprechers schließen. Teilweise wechseln Lautfärbungen und Konsonantenartikulation von Ort zu Ort. So wird etwa das O in Richtung Westen zur Eifel hin offener und breiter gesprochen. Es gibt aber auch ganz lokale Eigenheiten, die nur in einem begrenzten Umfeld zum allgemeinen Sprachgebrauch gehören.

So ist es mit dieser rheinischen Redensart. „Ich hann ene Hals bes Muffendorf" verstehen in der Kernaussage vor allem die Godesberger, oder besser die Bad Godesberger. Wörtlich ins Hochdeutsche übersetzt heißt das: Ich habe einen Hals bis Muffendorf.

Der erste Teil des Satzes ist auch in anderen Gegenden gebräuchlich und bezeichnet das unangenehme Gefühl, wenn man mit etwas nicht einverstanden ist, die passende Unmutsäußerung aber unterdrückt. Die bleibt im Hals stecken und macht ihn dick. Man sagt dann auch: „Ich habe einen dicken Hals." Und der führt in Sekundenschnelle dazu, dass man nicht mehr atmen kann.

Mundartsachverständige wissen davon zu berichten, dass sie in so einem Fall zornig und kurz vorm Explodieren

sind. Dialektsprecherin Liesel Lorscheidt erläutert: „Wenn ich mich ärgere, aber es nicht herauslassen kann, habe ich einen dicken Hals."

Um dem Gegenüber klarzumachen, wie dick der Hals geworden ist, greift man dann zu drastischen Formulierungen. Dann geht der Hals bis Muffendorf. Das ist für den Zentral-Godesberger weit, weit weg. Und das darf nicht nur geografisch verstanden werden, sondern auch kulturell. „Muffendorf war immer ein anrüchiges Viertel", sagt Dialektsprecher Ernst Mainusch. Muffendorf ist also die Chiffre für eine endlose Entfernung, die kaum noch zu toppen ist. Vielleicht würde sich der Satz in Zeiten der Globalisierung nicht mehr so ohne weiteres etablieren. Aber bereits aus der Bibel kennt man Zahlbegriffe, die gewissermaßen die Unendlichkeit symbolisieren. So etwa die Tausend. Insofern ist Muffendorf gefühlt tausend Kilometer entfernt.

ICH HANN ENE JRÖMMEL EN DE TRÖÖT

Im Hochdeutschen würde man vielleicht sagen: „Ich habe einen Frosch im Hals." Aber Amphibien sind nicht jedermanns Sache. Im Rheinischen heißt es deshalb: „Ich hann ene Jrömmel en de Trööt". Ein sehr schönes Bild mit großer Strahlkraft. Für die Imis, also Zugezogene, sei an dieser Stelle kurz wörtlich übersetzt: Ich habe einen Krümel in der Trompete.

Aber was ist damit gemeint? Das sagt man bei Heiserkeit. Bekannt ist die Redewendung auch durch das Karnevalslied von Marie Luise Nikuta namens „Un ham me vum Singe ne Grümmel in de Trööt". Man beachte die abweichende Schreibweise! Inhaltlich ist aber das Gleiche gemeint. Man kann sich bildlich ausmalen, was passiert, wenn der Trompeter einen großen Krümel in seinem Instrument hat. Der Luftzug bleibt aus, der Ton kommt nicht richtig.

In der Region Ahrweiler weichen Aussprache und Schriftform leicht ab, wenngleich der Satz auch dort bekannt ist: „Esch han ene Krömmel en de Trööt", sagt man dort. Und unser dortiger Dialektfachmann Gisbert Stenz weiß zu berichten, dass besonders größere Blasinstrumente wie Tuba, Tenor- und Baritonhorn oft tagelang unbenutzt zu Hause offen herumstehen, so dass sich Staub oder auch Krümel im Trichter sammeln können. Beim ersten Bla-

sen hört man dann raue oder unsaubere Töne. „Natürlich auch, weil der Spieler seit dem letzten Einsatz nichts geübt hatte und der Ansatz für das Instrument gelitten hatte", sagt Stenz. So wird der „Krömmel" oder „Jrömmel" der Sündenbock und nicht etwa Übe-Faulheit. Insofern ist dieser Satz wiederum typisch rheinisch, denn erstens werden derartige Redewendungen gerne benutzt, um die tatsächliche Kausalität (hier: Schuldfrage) zu verschleiern. Und zweitens ist der Rheinländer für vieles bekannt, aber nicht für seinen übermäßigen Fleiß (Instrument üben). Den hatten im Zweifel die Preußen ins Rheinland gebracht.

ICH HANN LEEVER EENE, DÄE METJEET, WIE ZWEI, DIE NOKÖMME

Im Rheinischen als Alltagssprache geht es keineswegs nur um die Liebe zur Heimat und deren unbezweifelbare Schönheit. Wichtig für das Miteinander ist auch die Klassifizierung der lieben Mitmenschen. Insbesondere die Charakterfestigkeit und Verlässlichkeit sind immer wieder Gegenstand der Betrachtung. Da passt auch diese recht wortreiche Redensart hinein: „Ich hann leever eene, däe metjeet, wie zwei, die nokömme." Wörtlich übersetzt

hieße das: Ich habe lieber einen, der mitgeht, als zwei, die nachkommen.

Unser Dialektsachverständiger Willi Baukhage erläutert: „Das heißt so viel wie: Lieber ein richtiger Freund, auf den man sich verlassen kann, als mehrere, die aber, wenn sie gebraucht werden, nicht da sind." Und Mundartsprecher Josef Schwalb ergänzt: „Wenn ich einen habe, der mit mir geht, dann fühle ich mich sicher, dann bin ich begleitet. Wer sagt, er komme nach, der bleibt ein unsicherer Kandidat." Den geselligen Aspekt betont Rheinischkennerin Melitta Klein: „Ich gehe nicht gerne alleine, wenn einer nachkommt, dann kann ich mich auf dem Weg nicht unterhalten."

Auf die höhere Bedeutungsebene verweist Dialektsachverständiger Karl Friedrich Schleier: „Es ist besser, wenn einem schnell geholfen wird, als dass man ein Versprechen erhält, das nie eingelöst wird." Und Heinz Rühmann sang zu dieser Thematik dereinst das schöne Lied: „Ein Freund, ein guter Freund, das ist das Beste, was es gibt auf der Welt." Das sagt schon alles. Qualität ist besser als Quantität. Ein Freund ist mehr wert als viele Bekannte. Und der Rühmann kannte Facebook noch gar nicht!

JECK LOSS JECK ELANGS

Wenn man die Rheinländer fragt, was denn die Rheinländer ausmacht, dann sagen sie als allererstes: Toleranz! Und das ist tatsächlich quasi die Keimzelle des rheinischen Grundgesetzes. Dessen elf Artikel sind eigentlich Variationen oder Entfaltungen des Toleranzedikts. Für alle, die sich später eingeschaltet haben, nennen wir die hier mal im Einzelnen:

(1) Et es wie et es.
(2) Et kütt wie et kütt.
(3) Et hätt noch emmer joot jejange.
(4) Wat fott es, es fott.
(5) Et bliev nix wie et wor.
(6) Kenne mer nit, bruche mer nit, fott domet.
(7) Wat wells de maache?
(8) Maach et joot, ävver nit zo off.
(9) Watt soll dä Quatsch?
(10) Drinks de ejne met?
(11) Do laachs de disch kapott.

Wenn man nun umgekehrt das rheinische Grundgesetz in einem Satz ausdrücken will, dann kann man das mit: „Jeck loss Jeck elangs". Eine harte Nuss für Imis, also Zugereiste. Auf Hochdeutsch heißt das: Narr, lass Narr vorbei. In seiner

Knappheit ist das natürlich äußerst interpretationsbedürftig. Das Kölsch-Wörterbuch sagt dazu: „Da wir ja alle Jecke sind, sind wir natürlich auch alle gleich und lassen dementsprechend unsere Gleichgesinnten auch gerne, zum Beispiel beim Rosenmontagszug, mal vor." Aber man kann und muss den Satz auch auf andere Lebensbereiche übertragen. Dann erweitert sich die Bedeutung auf: Jeck, lass den anderen Jeck gewähren. Und um es auf den Punkt zu bringen, heißt das so viel wie: leben und leben lassen. Mehr Toleranz ist schon fast nicht möglich.

Der in unserer Region elementare Begriff Jeck leitet sich übrigens laut Sprachwissenschaftlern ab vom Wort „Geck". Der Jeck tritt regelmäßig als Karnevalsjeck auf, also als derjenige, der Karneval feiert. In seiner allgemeinen Bedeutung kann er aber auch der allgemein ein bisschen oder sogar klinisch Verrückte sein. Weil nach rheinischem Verständnis jeder ein bisschen verrückt ist, ist Jeck zum Kollektivbegriff geworden, dem sich so schnell niemand entziehen sollte.

JÖCK ES SCHLEMME WI PING

Die philosophische Tiefe der rheinischen Redensarten ist unübersehbar und gewissermaßen sprichwörtlich. Hier fließen über lange Zeiträume extrahierte Erkenntnisse, findige Intelligenz und gekonnter Sprachgebrauch zusammen und münden in einen Satz, der Weltläufigkeit und Durchblick gleichermaßen beweist.

Ist das zu dick aufgetragen? Nicht bei diesem Satz: „Jöck es schlemme wi Ping". In distinguierter Übersetzung ins Hochdeutsche soll das bedeuten: Juckreiz peinigt mehr als Schmerz. Diese Erkenntnis ist so einleuchtend wie überraschend. Denn eigentlich möchte man glauben, dass Schmerz seinem Opfer grundsätzlich mehr Beschwerden bereitet als einfacher Juckreiz. Wen es aber schon mal am Rücken gejuckt hat, und zwar an einer Stelle, an die man mit den Händen nicht heranreicht, der weiß ein Lied davon zu singen. Da braucht man einen netten Mitmenschen oder starke Nerven.

Ein weiteres Beispiel findet sich in der Liste der Foltermethoden früherer Zeiten. Da wurden Delinquenten gerne festgebunden, ihrer Schuhe und Strümpfe entledigt und ihnen eine dicke Schicht Salz auf die Fußsohlen geschmiert. Eine unvoreingenommene Ziege hatte dann das Vergnügen, das Salz abzuschlecken und damit dem zu Bestrafenden furchtbarste Qualen zuzufügen.

Das beweist auch im übergeordneten Sinne: Ein kleiner Reiz kann große Wirkung haben. Damit kommen wir zum eigentlichen Bedeutungsinhalt der Redewendung. Und da sind wir auch gleich ganz modern unterwegs, denn die sogenannte Chaostheorie hat der Wissenschaft beigebracht, dass kleine und kleinste Ursachen eine große Auswirkung haben können. Das Beispiel der Fachleute: Der Flügelschlag eines Schmetterlings im Amazonasbecken kann Stürme und Wetterwechsel auf der Nordhalbkugel verursachen.

Für wen das eine erschreckende Erkenntnis sein sollte, der ist zumindest gewarnt, auch den kleinen Dingen der Welt die angemessene Aufmerksamkeit entgegenzubringen. Und damit ist wieder einmal bewiesen, dass die rheinische Welterkenntnis auch modische Trends vorweggenommen hat wie die Suche nach der Achtsamkeit im Alltag. Und dafür gebührt ihr Respekt.

KASCHAKISCHEKICKEKAKU

Der Rheinländer ist von Natur aus vielleicht nicht gerade faul, aber er neigt doch zur Abkürzung. Denn das Leben ist kurz und die Kunst ist lang, und irgendwie muss es ja „immer wigger jonn", also: immer weitergehen. Folglich ist diese spezielle rheinische Redewendung streng genommen nur ein einziges Wort. Das allerdings kann einen ganzen Satz ersetzen. Es lautet – Trommelwirbel: „Kaschakischekickekaku?" Hier braucht der Außenstehende wirklich mal fundierte Hilfe vom Eingeweihten. Ein Arbeitskollege, der seinen Lebensmittelpunkt im Einzugsbereich der Ahr hat, kam mit diesem Ausdruck auf uns zu. Er weiß aus eigenem Erleben, dass das Wort zwar äußerst selten, aber immer noch regelmäßig angewandt wird, wenn es sich anbietet.

Die wörtliche Übersetzung im Hochdeutschen wäre etwa: Kann ich das Kindchen gucken kommen können? Es stammt also aus dem Trendthemensektor: Schwangerschaft, Geburt und kleine Kinder. Als hochdeutsche Langfassung bietet unser Mundartsprecher an: „Herzlichen Glückwunsch zur Geburt Ihres Kindes. Hätten Sie etwas dagegen, wenn ich bei Gelegenheit vorbeikomme, um das Neugeborene in Augenschein zu nehmen?" Wenn man ehrlich ist, klingt das etwas vornehmer als die mundartliche Kurzfassung, aber in Sachen Sprachökonomie ist die Ein-Wort-Mundart-Version absolut unschlagbar.

Es gibt sogar noch eine ausschweifende Variante des Satzes, und er findet immer dann Anwendung, wenn die jungen Eltern plötzlich kein anderes Thema mehr haben als „die lieben Kleinen".

Dann kann es vorkommen, dass der inzwischen ein bisschen genervte Onkel oder die Tante sagen: „Kaschakischekackekickekaku?"

Das Übersetzungsangebot lautet: Wenn du unbedingt willst, dann tue ich dir den Gefallen und bewundere den kleinen Topfsitzer bei meinem nächsten Besuch.

Das sind klare Worte und umso eindringlicher, da sie diese schöne rheinische Eigenart der virtuosen Sprachmusikalität haben. Richtig ausgesprochen, entsteht ein swingender Rhythmus mit einer offensiven, klingenden Vokalmelodie. Eben ganz typisch rheinisch. Auch wenn wir uns bewusst sind, dass diese Formulierung statistisch gesehen äußerst selten Anwendung findet und bei weitem nicht Eingang in den allgemeinen Kanon der rheinischen Redensarten gefunden hat.

KEEN KROH PECK DE ANDERE E OOCH US

Rheinische Redensarten haben auch zuweilen die Funktion, sich von einer bestimmten Sorte Mitmenschen abzusetzen. In dieser Hinsicht unterscheiden sich die Sinnsprüche kaum von denen anderer regionaler Färbung. So ist es auch mit diesem Ausdruck: „Keen Kroh peck de andere e Ooch us". Das heißt im Hochdeutschen so viel wie: Keine Krähe pickt der anderen ein Auge aus. Im kollektiven Bewusstsein gibt es auch die Variation: „Eine Krähe hackt der anderen kein Auge aus." Die Bedeutung ist freilich dieselbe. Und sie ist teilweise deckungsgleich mit der Bedeutung eines anderen – durchaus beliebten – Satzes: Pack schlägt sich, Pack verträgt sich.

Hier spricht einer über die Gepflogenheiten und Umgangsformen schlechter oder zweifelhafter Personen. Er selbst zählt sich eindeutig nicht dazu.

Wichtig ist: Zwielichtige Personen oder Menschen, die etwas auf dem Kerbholz haben, schaden sich nicht gegenseitig. Ja, sie stellen sich im Zweifel wechselseitig schützend voreinander. Niemals würden sie sich gegenseitig in den Abgrund ziehen.

Und was laut allgemeiner Meinung das Pack angeht, gilt: Wenn einfach gestrickte Menschen in Streit geraten,

haben sie nicht genug Ehrgefühl, um den Kriegszustand lange aufrechtzuerhalten. Sie vertragen sich schneller wieder, als man gucken kann. Wer sich in den Konflikt einmischt, läuft Gefahr, nicht nur zwischen die Fronten zu geraten, sondern sich den Zorn beider Lager zuzuziehen und so zugleich friedensstiftend untereinander zu wirken. Mit dem Nachteil, sich selbst als Opfer anzubieten. Also, Vorsicht!

KLEENE KÄSSELCHE HANN JRUSSE UHRE

Ein ganz wunderbares Sprachbild ist der Satz „Kleene Kässelche hann jruße Uhre". Wer das übersetzen kann, dürfte die Aussage des Sprachbildes unmittelbar verstehen. Im Hochdeutschen heißt es wörtlich: Kleine Kessel haben große Ohren. Die Situation kennt wohl jeder. Was war das als Kind interessant, den Erwachsenen zuzuhören. Besonders bei Gesprächen, die eigentlich nicht für die Ohren des Nachwuchses gedacht waren. Dann sprachen die Erwachsenen im Flüsterton, und die Ohren der Kinder wurden größer und größer.

„Das habe ich schon ewig nicht mehr gehört", so Dialektsachverständiger Willi Baukhage. „Das sagte auch meine

Oma immer, wenn wir Pänz den Gesprächen der Erwachsenen zuhörten."

Josef Schwalb kann das Bild näher erläutern: „Kessel haben Henkel, und das sind die Ohren. Mit diesem Satz wurde verschlüsselt gesagt, dass die Kinder jetzt besser nicht zuhören sollten."

Auch Mundartsprecherin Wilhelmine Schönenberg erinnert sich noch gut daran, dass sie diesen Satz oft gehört hat. „Unsere Mutter hat uns dann weggeschickt." Meistens wurde daraufhin die Türe geschlossen, so dass Sicht- und Hörkontakt unterbrochen waren.

Nun kann man die geschilderten Situationen besser verstehen, wenn man weiß, dass sich in früheren Tagen das Leben meistens in der großen Wohnküche abgespielt hat. Zwar gab es kleine Schlafzimmer im Obergeschoss, aber keine Kinderzimmer im heutigen Sinne. Familien, die gut ausgestattet waren, hatten ein Wohnzimmer für die Woche und eines für sonn- und feiertags. Tagsüber trafen sich aber alle Familienmitglieder in der Küche. Und da war Diskretion folglich ein hohes Gut.

Das bestätigen auch die Erinnerungen von Mundartsprecherin Elisabeth Schleier. Sie meint, dass die Situation der allgemeinen Neugierde der Kinder Vorschub leistete: „Kleine Kinder hören und spinxen gerne, obwohl sie von dem Thema nichts wissen sollten." Aber wir wissen ja: Was verboten ist, macht gerade Spaß.

KOMME ME ÖVER DE HONK, KOMME ME OCH ÖVER DE STÄTZ

Die schönsten rheinischen Redensarten stammen in ihrer Bildsprache aus dem häuslichen Umfeld. Oft sind es Elemente des früheren Lebens auf dem Bauernhof, die zu Protagonisten werden. An dieser Stelle ist es der Hofhund, der ins Rampenlicht rückt. Und zwar bei dem Satz: „Komme me över de Honk, komme me och över de Stätz." Da ist schon wieder mal eine Logik am Werk, der man sich ganz gediegen nähern muss. Für Nicht-Mundartler bedeutet das: Kommen wir über den Hund, kommen wir auch über den Schwanz. Oder, um es noch deutlicher zu sagen: Schaffen wir es über den Hund hinüber, dann ist der Schwanz kein Hindernis.

Das ist natürlich nicht wörtlich zu nehmen, sondern ist im übergeordneten Sinne gemeint. Man darf davon ausgehen, dass der Schwanz des Hundes - ob er nun damit wedelt oder nicht - tiefer hängt, als der Hunderücken hoch ist. Wenn man nun über den Hund steigt oder springt, dann sollte der Schwanz kein Hindernis mehr sein. Folglich wird der Satz immer dann eingesetzt, wenn man sagen möchte: „Wir haben bis jetzt noch jedes Problem gelöst!" Darin enthalten ist die Aussage, hier ist eine schwierige Aufgabe vor uns, oder wir haben eine teure Anschaffung zu machen, die unserer vollen Konzentration bedarf. Aber wenn wir es bis hierher geschafft haben, schaffen wir auch den

Rest. Soweit eine Darstellungsweise. Die Redensart wird aber mitunter auch in einem etwas abgewandelten Sinne eingesetzt. Dann ist gemeint: Wenn wir über den Hund hinüber wollen, dann müssen wir auch über den Schwanz, und der kann ein ernstes Hindernis darstellen. Hier würde das bedeuten, dass die Umsetzung eines Planes auf Widerstand stößt, wenn es irgendwo hakt. Am Ende darf sich der Rheinländer allerdings auf seine gelassene Selbstgewissheit besinnen, denn „es hat noch immer gut gegangen". Auch über den Stätz.

KÜSTE HÖCK NET, KÜSTE MORJE

Diese Redensart vermittelt in jedem Falle eine pralle Portion Nestwärme. Denn hier stehen wir vor der rheinischen Seele an sich. So widersprüchlich und liebenswert sie ist. „Küste höck net, küste morje" heißt wörtlich ins Hochdeutsche übersetzt: Kommst du heute nicht, dann kommst du morgen. Und das kann man durchaus ambivalent sehen.

Die einen haben da einen Tunichtgut vor Augen, der den lieben Gott einen guten Mann sein lässt und in den Tag hinein lebt. Die anderen preisen damit das rheinische Gemüt der Gelassenheit. An diesen Gegensätzen arbeiten sich

diesmal auch unsere Mundartsprecher ab. „Das sind die Traumtänzer, die sich nicht entscheiden können, irgendeinen Entschluss zu fassen", sagt Wilhelmine Schönenberg. Und ihre Kollegin Liesel Lorscheidt ergänzt: „Was ich nicht direkt erledige, das klappt gar nicht".

Positiver sieht's Dialektsachverständiger Karl Friedrich Schleier: „So sind wir Rheinländer eben, es muss ja nicht alles stehenden Fußes passieren, man kann sich ja auch mal Zeit lassen."

In diese Kerbe schlägt auch Mundartsprecherin Melitta Klein: „Man muss auch mal ein bisschen Geduld haben, besonders hier im Rheinland. Wenn du heute nicht kommst, dann kommst du eben morgen. Das hat auch was Friedvolles. Ich glaube dir, dass du dann morgen tatsächlich kommst."

Wenn man sich vor Augen führt, dass die Pünktlichkeit klischeemäßig das hervorstechende Merkmal der Deutschen ist (wenn man Ausländer nach unseren Charaktereigenschaften fragt) und wenn man weiß, dass die im Rheinland aus historischen Gründen gar nicht so geliebten Preußen dieses Ideal in besonderer Weise repräsentieren, dann wird's schon klarer.

Die rheinische Gelassenheit ist eben doch etwas, auf das die Menschen hier stolz sind. Ganz wie die ersten beiden Paragrafen des rheinischen Grundgesetzes nahelegen: „Et es wie et es. Et kütt wie et kütt."

LECK MISCH EN D'R TÄSCH

Manchmal führen einen die rheinischen Redensarten ganz unverhofft und plötzlich in ein ganz anderes kulturelles Umfeld. Da muss man sich dann erst mal orientieren. Das ist hier der Fall: „Leck misch en d'r Täsch." Auch für Zugezogene dürfte der Satz wörtlich leicht zu verstehen sein. Denn er wäre zu übersetzen mit: Leck mich in der Tasche. Das ordnet unser Mundartsachverständiger Georg Schmidberger aus dem Linksrheinischen dem Oberthema Götz-Zitat zu. Er meint damit das Schauspiel „Götz von Berlichingen" von Johann Wolfgang von Goethe aus dem Jahre 1773. Da sagt der Götz: „Er aber, sag's ihm, er kann mich im Arsche lecken!" Und weil das gar nicht mal so vornehm klingt, ja geradezu frappierend derb wirkt, hat man dafür in vielen Gegenden einen abgeschwächten Ersatzausdruck gefunden. Manche sprechen wie gesagt vom Götz-Zitat, andere vom Schwäbischen Gruß. Im Rheinland hat man sich des Kunstgriffes bedient, das angesprochene Körperteil einfach durch etwas anderes zu ersetzen. Was liegt da näher als den Stoff zu nehmen, der dem Körperteil am nächsten liegt?

Wer jetzt aber denkt, hier äußere sich ein sprachlicher Konflikt zwischen Ober- und Unterschicht, dem sei gesagt, in früheren Zeiten tat man sich viel leichter, ganz direkt und offen zu sagen, worum es geht. Etwa zur gleichen Zeit wie Goethes „Götz" komponierte Wolfgang Amadeus Mozart einen sechsstimmigen Kanon mit dem Titel „Leck mich im Arsch". Er ist im Köchelverzeichnis Nummer 231 genannt und damit ganz offiziell ein großes Kunstwerk aus der Hand des großen Tondichters Mozart.

Der Satz stammt ursprünglich aber weder von Goethe noch von Mozart, sondern repräsentiert einen damals üblichen sogenannten Entblößungszauber. Wenn man Dämonen, Hexen oder seinen Feinden das nackte Hinterteil zeigt, dann verlieren sie ihre Macht. Das ist auch gut am Bröckemännchen an der Bonn und Beuel verbindenden Kennedybrücke zu sehen. Übrigens hat sich die Anwendung des Satzes im Alltag im Laufe der Zeit gewandelt: Jetzt drückt er ungläubiges Erstaunen und allergrößte Verblüffung aus.

LÖCK SEN OCH MINSCHE

Einen besonderen Reiz gewinnt der Dialekt, immer wenn er mit einem kleinen Schwenk ins Widersprüchliche, wahlweise Redundante eine philosophische Betrachtungsweise ermöglicht. Und weil die sogenannte Metaebene aus dem Alltagsverständnis heraus gar nicht so leicht nachvollziehbar ist, bedarf sie der genaueren Betrachtung.

Eine solche rheinische Redensart haben wir uns hier vorgenommen. Sie lautet: „Löck sen och Minsche". Eine gern genommene Wendung, um Nähe und Distanz zu bezeichnen, aber dazu später. Denn da hilft die wörtliche Übersetzung ins Hochdeutsche zunächst kaum weiter: Leute sind auch Menschen. Nun könnte man sich eine Bedeutung zusammenreimen. Das Wort „Leute" ist ein Sammelbegriff, der eine größere anonyme Masse bezeichnet. Und da fällt es gelegentlich schwer, deren Bestandteilen eine menschliche Individualität zuzuerkennen. Um aber genau darauf hinzuweisen, dass auch Leute in größeren Gruppen durchaus Menschen mit persönlichen Wünschen, Zielen und Vorstellungen unabhängig von der Gruppe sind, könnte der Satz geprägt worden sein.

Wie uns eine Mundartsprecherin aus Dünstekoven allerdings zu berichten weiß, ist damit der Kern der Aussage noch lange nicht erfasst. In manchen Landstrichen wer-

den nämlich mit dem Begriff „Lück" etwas höhergestellte, arriviertere gesellschaftliche Kreise bezeichnet. Und weil im Rheinischen oft der Unterschied zwischen Oben und Unten sowie Arm und Reich thematisiert wird, ist dies auch hier Ziel der Betrachtung.

Die Aussage lautet also: Auch die Reichen und Berühmten, von denen man die Vorstellung hat, ihr Vermögen erspare ihnen manche menschliche Sorge, sind letztendlich nur verletzliche Menschen. Die wesentlichen Lebensereignisse, die wichtigsten Parameter wie Liebe, Lust, Trauer und Tod, Langeweile und Geselligkeit sind unabhängig von der eigenen Situiertheit und Saturiertheit überall gleich. Und das ist doch eine beruhigende Erkenntnis.

MAACH HÖÖSCH

Manchmal muss man sich vom Zeitgeist distanzieren. Wer wüsste das besser als der Rheinländer, dem man nachsagt, sich nicht aus der Ruhe bringen zu lassen. Denn er weiß, was er ist und was er kann, und er steht dazu. Das ist eine wichtige Grundlage, um den richtungsweisenden Satz sagen zu können: „Maach höösch!" Beim freihändigen und intuitiven Übersetzen steht der Hochdeutsche vor dem Problem: Wort eins ist leicht zu verstehen. Da soll jemand etwas machen. Wort zwei ist dagegen schon wieder schwieriger nachzuvollziehen.

Was heißt „höösch"? Diese Frage muss man ganz klar klanglich angehen. Das langgezogene ö ist nicht nur ein langgezogenes ö, sondern ein doppeltes langgezogenes ö. Es wird als sehr, sehr langgezogen ausgesprochen. Und darin offenbart sich auch schon die Bedeutung. Der Satz bedeutet: Mach ganz langsam! Du brauchst nichts zu überstürzen. Lass dir Zeit! Oder um es im Sinne des Bären aus dem „Dschungelbuch" zu sagen: Probier's mal mit Gemütlichkeit, mit Ruhe und Gemütlichkeit!

Im Alltag wird diese Redensart immer dann eingesetzt, wenn man einen übereifrigen Zeitgenossen vor sich hat, der es gar nicht abwarten kann oder übernervös daherkommt. Und weil der Rheinländer weiß, dass solch eine

Grundhaltung selten zu einem guten Ergebnis führt, motiviert er das Gegenüber, seine Handlungen ausgeruht und mit Bedacht anzugehen. Denn das schließt Sorgfalt und Tiefgründigkeit ein.

Um zum anfänglich erwähnten Zeitgeist zurückzukommen, stellt man heutzutage fest, dass sich alles immer schneller dreht. Das hat auch mit den technischen Veränderungen und der digitalen Durchdringung des Alltags zu tun. Ständig wird man per Handy angefunkt und soll sofort reagieren, absagen, zusagen, loben, kritisieren, sagen, wo man ist, warum man nicht hier ist und wie lange es noch dauert. Da möchte man gerne zurückfunken: „Maach höösch!"

MACH KEN FISEMATENTEN

Eine der berühmtesten rheinischen Redensarten ist der Satz „Mach ken Fisematenten". Das ist an sich kein Wunder, weil sie gleich mehrere elektrisierende Komponenten enthält. Sie ist vorgeblich nur aus dem geschichtlichen Kontext heraus zu verstehen. Sie hat eine erzieherische Absicht. Sie richtet sich hauptsächlich an junge Mädchen. Und sie hat eine erotische Thematik.

Was also bedeutet der Satz? Die landläufig überlieferte Erklärung lautet in groben Zügen: Als die Truppen Frankreichs 1794 das Rheinland besetzt hatten, sollen die jungen Soldaten Gefallen an den gut aussehenden Rheinländerinnen gefunden haben. Deshalb hätten sie gern die Einladung ausgesprochen: „Visite ma tente", also: Besuche mein Zelt.

Diese Erklärung klingt so schön und nachvollziehbar, dass sie sich ständig vervielfältigt. Man muss davon ausgehen, dass sie nicht auszurotten ist, obwohl – ja, obwohl sie nicht stimmt. Das hat jedenfalls der renommierte Sprachforscher Georg Cornelissen vom Landschaftsverband Rheinland bereits vor Jahren festgestellt und publiziert. Er konnte nachweisen, dass das Wort „visimetent" in der Bedeutung „dummes Zeug, aus der Luft gegriffen" bereits in einer Kölner Chronik aus dem Jahr 1499 geschrieben

steht. Dass der Vokal e an einer Stelle vom a des Sprichwortes abweicht, hält sich nach seiner Erkenntnis absolut im Rahmen.

Zum tatsächlichen Ursprung lässt sich aber noch nicht abschließend etwas sagen. Es könnte sich um ein lateinisches Lehnwort handeln. Das heißt, die Rheinländer hätten den Begriff von den alten Römern übernommen. Dafür spricht offenbar die Lautstruktur. Bewiesen ist es allerdings nicht.

Was diese Geschichte aber beweist, das darf man ruhig als rheinische Relativitätstheorie bezeichnen. Denn selbst wenn etwas noch so plausibel klingt und man es sich deshalb noch so sehr wünscht, kann die Wirklichkeit manchmal tatsächlich anders sein.

Insofern sollte es den ohnehin von Natur aus toleranten Rheinländer lehren, mit einem gütigen Auge auf die vermeintlichen Tatsachen des Lebens zu blicken. Das Leben wird es ihm danken.

ME JEET NET AN DE DESCH WIE E FERKEL AN DE TROCH

Viele rheinische Redensarten haben eine erzieherische Funktion. Sie richten sich an die lieben Kinderchen. Meist sind sie verknüpft mit der Vermittlung von wichtigen Kulturtechniken. Da macht dieser Satz keine Ausnahme. „Me jeet net an de Desch wie e Ferkel an de Troch" heißt auf Hochdeutsch übersetzt: Man geht nicht an den Tisch wie ein Ferkel an den Trog. Hier benutzt der Dialekt ein Bild aus der Landwirtschaft, also einem Umfeld, das den Menschen früher alltäglicher vertraut war als heutzutage.

Unsere Mundartsachverständigen kennen den Satz aus ihrer Kindheit. Es war der engagierte Ruf der Eltern nach ein bisschen Etikette am Essenstisch. Denn die Kinder, die sich ja ungern Zeit nehmen, ihr Spiel zu unterbrechen, springen an den Tisch, ohne sich die Hände zu waschen. Dabei wäre das so wichtig. Die Sitte, sich vor dem gemeinsamen Mahl die Hände zu waschen und dann mit Messer und Gabel zu essen, ist nicht von ungefähr entstanden, sondern hat mit den Infektionsgefahren unsauberer Hände zu tun.

Deshalb haben die Benediktinermönche des österreichischen Klosters Gut Aich das Ritual des Händewaschens als Unesco-Weltkulturerbe angemeldet. Und die Weltgesundheitsorganisation (WHO) hat den Internationalen

Hände-Waschtag ausgerufen, der seit 2008 immer am 15. Oktober begangen wird. Es geht darum, Bewusstsein zu schaffen, dass regelmäßiges und gründliches Händewaschen das wichtigste Mittel gegen die Ausbreitung ansteckender Krankheiten ist. Die Rheinländer haben dieses Wissen schon lange und transportieren es von Generation zu Generation.

ME KANN OCH MET ENEM RIEVKOCHE WIND MACHE

Die deutsche Sprache ist voll von Begriffen, die vollständig unterschiedliche Bedeutungen tragen können. Bei rheinischen Redensarten kann das auch vorkommen. Selten aber stoßen wir auf solch unterschiedliche Erklärungsansätze wie hier. Es geht um den Satz: „Me kann och met enem Rievkoche Wind mache." Und parallel gibt es den Ausdruck „Me kann och met enem Rievkooche de Trepp ööle." Fangen wir mal ganz langsam an und übersetzen ins Hochdeutsche: Man kann auch mit einem Reibekuchen Wind machen. Oder: Man kann auch mit einem Reibekuchen die Treppe ölen.

Letzteres kann zum einen bedeuten, dass eine Arbeit länger dauert, wenn man mit einem falschen Werkzeug

rangeht. Denn ein Reibekuchen ist eigentlich nicht dafür geeignet, eine Treppe zu ölen. Das bestätigt auch Dialektsachverständige Elisabeth Schneider: „Das sagt man, wenn jemand für etwas elend lange braucht und sich verzettelt." Mundartsprecherin Maria Kopp kennt eine weitere Bedeutung: „Wir mochten Reibekuchen nur ganz heiß, wenn sie zu kalt waren, sagten wir, damit könne man nur noch die Treppe ölen."

Den Bogen zum Wind machen schlägt Rheinischkennerin Melitta Klein: „Wenn man über seine Verhältnisse lebt, sich eine teure Holztreppe einbauen lässt und dann nicht die Mittel hat, sie mit adäquatem Öl zu pflegen, dann ist man darauf angewiesen, sie mit Reibekuchen zu ölen."

Einen ähnlichen Sinn hat freilich auch der Reibekuchen, der Wind macht. „Das bezeichnet einen, der ziemlich übertreibt, der ein Angeber ist", sagt Mundartsprecher Ernst Mainusch.

Jetzt möchte man fragen: Da soll noch einer den Überblick behalten? Damit stoßen wir auf eine große Stärke des Rheinländers. Es ist das kontextsensitive Verstehen. Man könnte also sagen: Egal, was er sagt, aus Tonfall, Phrasierung und Zusammenhang erschließt sich der gemeine Rheinländer die Bedeutung von Sätzen praktisch intuitiv. Und das ist doch eine reife Leistung.

ME MOSS OCH JÖNNE KÜNNE

Es gibt kaum eine Redensart, die so pointiert und treffend die Gelassenheit und Genügsamkeit des Rheinländers erläutert wie diese: „Me moss och jönne künne." Rein von den Vokabeln her dürfte der Nichtmundartologe kaum Schwierigkeiten mit dem Verständnis haben. Der Vollständigkeit halber sei der Satz ins Hochdeutsche übersetzt mit: Man muss auch gönnen können.

Ja, wie soll man sagen? Das Rheinland ist von jeher sehr katholisch geprägt, und so sind auch die Sieben Todsünden der klassischen Theologie hier ein Begriff. Sie bezeichnen die schlimmsten Charaktereigenschaften, die den Menschen unweigerlich von Gott trennen. Es sind Hochmut, Geiz, Begehren, Jähzorn, Völlerei, Neid und Faulheit. Die Liste der sogenannten Hauptlaster ist sofort nachvollziehbar. Ganz besonders häufig im Alltag anzutreffen ist der Neid. Der Nachbar hat das größere Haus, der Kollege das größere Auto, der Freund die hübschere Frau. Die Liste der möglichen Neidgegenstände könnte endlos fortgesetzt werden. Wer zu solcherart Neidkomplex neigt, wird ein unruhiges Leben führen, und nicht zu einer glücklichen Zufriedenheit kommen.

Dabei ist der Neid eine in sich widersprüchliche Gefühlslage, denn die Logik müsste uns vor Augen führen, dass

es immer noch etwas Besseres, Größeres, Teureres, Begehrenswerteres gibt. Der Appell, vom Neid abzulassen, ist folglich nicht nur ein Aufruf zur Einhaltung göttlicher Vorgaben, sondern eine Empfehlung, die der eigenen, selbstbestimmten Ausrichtung dient. Oder anders gesagt: Er beschreibt nicht in erster Linie eine Forderung Gottes an den Menschen, sondern eine Empfehlung, der der Mensch aus Liebe zu sich selbst und aus reinem Eigennutz folgen sollte. Es ist also eine weitreichende Erkenntnis, die jedem weiterhilft.

Übrigens hat die „Jugend von heute", der ja zu allen Zeiten nicht viel Gutes nachgesagt wurde, das schon erkannt. Als heißer Anwärter für die Auszeichnung als Jugendwort des Jahres gilt schon länger das Wort „Gönnung". Das wird immer dann eingesetzt, wenn man sich und anderen einen wie auch immer gearteten Genuss zuerkennt. Besser und kürzer kann man es wohl nicht ausdrücken.

MER JEWÄNNT SICH AN ALLES, OCH AN ET HÄNGE

Manche rheinische Redensarten sind dazu geschaffen, Mut zu machen, Optimismus zu verbreiten und der geschundenen Seele einen Funken Hoffnung zurückzugeben. Selbst für den Fall, wie es der Kölner Mundartsänger Wolfgang Niedecken einst formulierte, dass das Licht am Ende des Tunnels nur eine Panoramatapete ist. Damit sind wir schon bei der Kernbotschaft der Wendung: „Mer jewännt sich an alles, och an et Hänge – wenn mer unge dr Ärme hängk". Wörtlich ins Hochdeutsche übersetzt heißt das: Man gewöhnt sich an alles, auch ans Hängen – wenn man unter den Armen hängt.

Hier liegt eine sehr subtile Argumentation vor, die dem Rheinländer ja stets zu eigen sein soll. Der belesene Philosoph spricht da von Dialektik. Und damit ist nicht eine Ableitung von Dialekt, also Mundart, gemeint, sondern das Denken in Gegensatzbegriffen. Man nähert sich der Bedeutung einer Aussage gewissermaßen mit Hilfe einer Intervallschachtelung und grenzt die Aussage immer mehr ein, bis sie zuletzt eindeutig und unzweifelhaft geworden ist. Das Ganze verpackt der Rheinländer in einen logischen Dreischritt und würzt es am Ende noch mit einer dicken Prise Humor.

Aber jetzt mal ganz langsam. Erster Teil: Man gewöhnt sich an alles. Klar, auch an das Wildeste, Schlechteste und Schlimmste. Wer hätte die Erfahrung nicht schon – hoffentlich in milder Form – gemacht?

Und was ist für einen Menschen das Schlimmste? Na ja, vielleicht, dass er gehängt wird. Das ist also der zweite Teil. Da ist der Zuhörer so weit, dass er in der Fantasie jemanden am Galgen baumeln sieht. Und nun folgt der erleichternde dritte Schritt: Wenn man unter den Armen hängt. Da wird das Galgenbild korrigiert, und man sieht jemanden an seinen Händen festgebunden baumeln. Schlimm, aber nicht ganz so schlimm wie die vorherige Vorstellung. Es ist also Entwarnung angesagt: „Et hätt noch immer jood jegange! Oder: jood jehange!"

MER KANN OCH MUHSKÖTTELE ANSPETZE WELLE

Zuweilen nimmt der Dialekt einen ganz klaren Bezug auf das Tierreich. Dann ist der Begriff als Allegorie zu verstehen. So ist es auch mit einer rheinischen Redensart, die im Ahrgebiet verbreitet ist: „Mer kann och Muhsköttele anspetze welle." Zu gut Hochdeutsch heißt das: Man kann auch Mäusekot anspitzen wollen. Da staunt der Laie, und der Fachmann

wundert sich. Was ist wohl damit gemeint? Unser Mundartsprecher Günther Schmitt klärt auf: „Wenn es jemand allzu genau nimmt, dann will er Mäuseköttel anspitzen."

Möglicherweise ist heutzutage nicht jedem bewusst, woher dieses Bild stammt. Die Stoffwechsel-Endprodukte von Mäusen haben tatsächlich eine spitze Form, ähnlich einem Getreidekorn. Das gehörte früher zur Allgemeinbildung, denn Mäuse waren ein Standardschädling auf den Bauernhöfen. Waren sie nachweisbar, drohte höchste Gefahr für die Früchte der Ernte. Und deshalb musste der Landwirt deren Köttel sofort und eindeutig erkennen.

Wenn also der Kot der Mäuse sehr, sehr klein und ohnehin schon spitz zulaufend geformt ist, dürfte es sehr schwer sein, ihn noch weiter anzuspitzen. Das gelingt nur Menschen, die äußerst spitzfindig sind und die als Korinthenkacker gelten. Für diese Charaktergruppe hat das Rheinische einen weiteren Begriff anzubieten: Die sind nämlich pingelig. Darin steckt das Wort „Ping", also Pein, das so viel heißt wie Schmerz. Dort ist also jemand peinlich genau. Das Mitmachwörterbuch des Landschaftsverbandes Rheinland verzeichnet dieses Wort als „eines der wenigen originär rheinischen Mundartwörter, die in der allgemeinen Umgangssprache heimisch geworden sind." Es könnte gut sein, dass „der Alte", der frühere Bundeskanzler Konrad Adenauer, mitverantwortlich dafür ist, dass das Wort auch im Norden, Süden und Osten seine populäre Verbreitung gefunden hat. Denn nicht nur einmal hat er vor laufenden Kameras gesagt: „Jetzt sind Sie doch nicht so pingelig!"

NAACH MATTES, BLOHS DE LAMP US

Um diese rheinische Redewendung verstehen zu können, braucht man schon einiges an Hintergrundwissen. Entsprechend weit gefächert ist ihre Bedeutung. „Naach Mattes, blohs de Lamp us", heißt auf Hochdeutsch: Gute Nacht, Matthias, blas die Lampe aus.

Unsere Mundartsprecherin Helene Schullenberg fühlt sich an ihre Kindheit erinnert. In ihrer Familie wurde der Spruch noch erweitert und lautete: „Naach Mattes, blohs de Lamp us, jach de Katz eruss." Es war also noch die Katze nach draußen zu bringen. Wenn der Vater das sagte, dann hieß das für die Kinder: Es ist spät und Zeit zum Schlafengehen.

Es ist offensichtlich, dass der Satz aus einer Zeit stammt, in der elektrischer Strom noch nicht zur Standardausstattung jedes Haushaltes gehörte, denn mit Lampe ist klar eine Kerze oder Petroleumbeleuchtung gemeint. Sonst könnte man sie nicht ausblasen.

Wie immer gibt es aber auch eine übergeordnete Bedeutung der Redewendung. „Ich kenne das als Feststellung, wenn etwas richtig schiefgegangen ist", sagt Mundartsprecherin Helene Schullenberg. Die Kurzform „Naach Mattes" bedeutet dann von Fall zu Fall: Da ist nichts mehr zu retten, oder es ist alles zu spät. Und Dialektsachver-

ständige Helga Drossard erinnert sich an eine solche Anweisung ihrer Eltern, die dann sagen wollten: „Das Thema ist erledigt, kein Wort mehr." Der Sprachforscher Peter Honnen vom Landschaftsverband Rheinland hat die Wendung „Nacht Mattes!" ebenfalls in seinem Regionalwörterbuch „Kappes, Knies & Klüngel" aufgegriffen. Demnach steht der Name Mattes bzw. Matthias für die Eigenschaften Kraft und Stärke. Warum das der Fall ist, konnten die Sprachwissenschaftler nicht abschließend klären. „Vielleicht beziehen sie sich auf das Beil als Attribut des Heiligen", sagt Honnen.

Parallel gibt es auch die artverwandte Redewendung: Dann ist Matthäi am Letzten. Die weist auf eine letzte Frist hin. Eine Deutung bezieht sich auf den Apostel Matthäus, der vormals Steuereintreiber war und qua Amt mit respekteinflößenden Stichtagen arbeitete. Da hat sich in den vergangenen 2000 Jahren nicht viel geändert.

OVENDS DANZE ON SPRINGE, MORJENS KANNE DE BOTZ NET FINGE

Diese Situation könnte man als menschlich, allzu menschlich bezeichnen. Die rheinische Redensart „ovends danze on springe, morjens kanne de Botz net finge" ist mitten aus dem Leben gegriffen. Und jeder unserer Mundartexperten kann sie mit eigenen Erlebnissen illustrieren.

Wörtlich übersetzt heißt das: Abends tanzen und springen, morgens kann er die Hose nicht finden. Da muss man gar nicht länger nach einer höheren Bedeutungsebene suchen. „Das ist mir auch schon passiert, dass ich die Klamotten nicht gefunden habe, weil ich abends zu viel getanzt habe", berichtet etwa Dialektsachverständige Wilhelmine Schönenberg. Etwas drastischer drückt es ihre Kollegin Maria Kopp aus: „Die Redensart sagt, dass man es am Abend so doll getrieben hat, dass man nicht mehr weiß, wo man seine Hose hingelegt hat."

Einen etwas bürgerlicheren Blick mit einem Akzent auf die Pflichtvergessenheit hat Mundartsprecherin Simone Fritzen: „Nachts Party machen und am nächsten Tag übermüdet sein und nicht arbeiten können." So ihre Bedeutungserklärung. Rheinisch-Sachverständige Helene Schullenberg erinnert sich an den Königsball im Dorf:

„Das war montags, und dienstags war trotzdem Arbeiten angesagt."

Es gab also schon immer echte Feierbiester. Das ist auch nicht verwunderlich, existierten in früheren Jahrzehnten vielleicht sogar weniger Möglichkeit zum Feiern. Auf den Dörfern waren Maifeier, Schützenfest und Kirmes prädestiniert dafür, einmal über die Stränge zu schlagen.

Und so war es keineswegs selten, dass die jungen Leute quasi ohne Rücksicht auf die eigene Konstitution feierten. Wer also am Morgen die Hose nicht fand, war gewissermaßen gezwungen, im Bett zu bleiben. Und niemand argwöhnte, dass vielleicht eher der Kopf als das fehlende Beinkleid der eigentliche Grund dafür sein könnte. Niemand gibt schließlich gerne zu, nicht viel zu vertragen.

SU JENAU DRIISS KEEN KOH, DAT DAT E POND ES

Es ist die sprichwörtliche rheinische Gelassenheit, die das Leben zwischen Bonn und Köln und darum herum so angenehm macht. Und davon handelt auch diese Redensart: „Su jenau driiß keen Koh, dat dat e Pond es." Selbstredend sind es wieder die Stoffwechsel-Endprodukte aus dem bäuerlichen Sektor, die als Metapher herhalten müssen. Wörtlich ins Hochdeutsche übersetzt bedeutet das: So genau – Pardon – scheißt keine Kuh, dass das ein Pfund ist. Einmal ganz davon abgesehen, dass eine Kuh keinen Gewinn davon hätte, wenn sie ihren Mist in genauen Pfundchargen abzusetzen verstünde. Denn bei diesem Produkt, das bestenfalls wertschöpfend zur Düngung eingesetzt wird, kommt es wahrliche nicht aufs genaue Gramm an. Damit kommen wir direkt zur Metaebene, also der übergeordneten Bedeutung dieses Satzes. Allgemein wird damit im Anwendungsfall gesagt: Wir nehmen's nicht ganz so genau.

Das kann Alltagsvorgänge betreffen, die mit Mengenabfüllung zu tun haben, wie Lebensmittel oder Rohstoffe. Es kann aber auch ganz allgemein bedeuten: Mach mal locker, das schüttelt sich schon zurecht. Denn der Rheinländer an sich liebt sie nicht, die penible Mengendiskussion. Und Rechthaberei ist seine Sache nicht – meistens.

Speziell bei dieser Redewendung hat das gar nicht mal etwas damit zu tun, dass man alles ganz locker nehmen möchte. Nein, hier wird ausgedrückt, dass es völlig übertrieben, ja, unangemessen wäre, im vorliegenden Falle übertrieben genau zu sein.

Das rührt an die alte Regel aus der Wirtschaftspsychologie, dass man in der Regel mit 20 Prozent seines Engagements 80 Prozent des geplanten Ergebnisses erreicht, während die restlichen 20 Prozent des Erfolges immerhin weitere 80 Prozent Einsatz verlangen. Das ist ein klarer Wink an all die Perfektionisten dieser Welt nachzudenken, Vernunft walten zu lassen und dann den Energiesparmodus einzuschalten. Denn soll man sich wirklich ein Fünftel Erfolg durch vier Fünftel Kraft erkaufen? Ungefähr ein Pfund Mist reicht in dem Fall auch.

VON ANDERE LÖCKS LÄDDE ÖS JOT REEME SCHNEGGE

Bestimmte Motive und Motivationen kehren in den rheinischen Redensarten immer wieder. Das ist zum einen die erzieherische Absicht: Die griffigen Formulierungen enthalten vielfach Lebensweisheiten, die für die Orientierung des Nachwuchses im Alltag gedacht sind. Nicht selten sind es profunde Erkenntnisse, die aus über Generationen reichenden Beobachtungen destilliert sind. Und sie werden dann in ein nachvollziehbares Bild überführt.

Solch eine Form haben wir hier vorliegen: „Von andere Löcks Lädde ös jot Reeme schnegge." Die wörtliche Übersetzung klingt so: Vom Leder anderer Leute ist gut Riemen schneiden. Klar, hier spricht einer mit einem oder über einen Menschen, der sich gerne der Güter des Gegenübers bedient. Manche sprechen da von Nassauern. Man könnte aber auch den Begriff Schnorrer verwenden. In jedem Fall fällt eine solche Grundhaltung schnell auf. Wer sich aushalten lässt und auf Kosten anderer lebt, ohne jemals etwas zurückzugeben, der schneidet seine Riemen von „anderleuts" Leder.

Aber die rheinische Version hat auch eine humanistische Komponente, denn sie drückt gewissermaßen durch die Blume aus, was gemeint ist. Diesen Satz kann man dem Schnorrer also durchaus ins Gesicht sagen, ohne dass der selbiges verliert.

Dahinter steht sicher auch die Annahme, dass sich der Angesprochene selbst nicht in vollem Umfang seiner Charakterschwäche bewusst ist. Vielleicht hat er es nie anders gelernt, ist so aufgewachsen und hat es nie selbst hinterfragt.

Insofern könnte er sogar dankbar sein, wenn man ihn auf die Asynchronität seiner Beziehungen hinweist. Denn der Rheinländer weiß aus eigener Erfahrung, Fremdbild und Selbstbild gehen oft weit auseinander. Und man muss dem Gegenüber gegebenenfalls eine goldene Brücke zur Selbsterkenntnis bauen, ohne dass er in eine Trotzreaktion verfallen muss. Insofern ist die Redewendung mit einem erhobenen Zeigefinger verbunden, der mit einem Augenzwinkern versehen und wieder einmal nicht ganz so bierernst gemeint ist.

WÄE NET HÜERE KANN, MOSS FÖHLE

Es gibt rheinische Redensarten, die sind so natürlich nachvollziehbar – der Wissenschaftler würde sagen: evident –, dass sie nicht nur ohne Erklärung auskommen könnten, sondern gleich in den allgemeinen Sprachgebrauch übergegangen sind. Sie sind quasi die Popstars der rheinischen Wahrheitsfindung.

Und so kennen selbst dialektlose Muttersprachler den Satz: „Wäe net hüere kann, moss föhle" auch im Hochdeutschen. Wer nicht hören kann, muss fühlen, ist ein Hinweis der Eltern an ihren Nachwuchs. Man kennt die Situation: Draußen ist es kalt, aber der Filius möchte partout keine Jacke anziehen. An dieser Stelle darf er seine Empfindungen an der kalten Realität draußen erproben. Ähnlich sieht es aus, wenn man einen Wildfang in der Familie hat, der vielleicht mit dem Fahrrad völlig ohne Furcht über Feld und Hügel prescht. Das Wort Angst ist für ihn ein Fremdwort, die Neigung zur Vorsicht keine Kategorie. Wenn er mit den ersten Schürfwunden und Blessuren nach Hause kommt, dann ist der Satz angebracht. Wer nicht hören wollte, der muss tatsächlich den Schmerz fühlen.

Ein aktuell gesellschaftlich interessanter Aspekt ist, dass diese Redensart von dem Vertrauen gespeist wird, die Realität werde den Nachwuchs schon das richtige Verhalten lehren. Und dazu braucht man Mut. Denn die heute so weit verbreitete Spezies der Helikoptereltern würde diese Gefahr nie eingehen. Sie sind peinlich darauf versessen, ihren Kindern jeglichen Schmerz zu ersparen. Dabei ist das die falsche Strategie und letztlich gar nicht möglich. Nur wo's wehtut, ist Entwicklung möglich. Das sagen jedenfalls die Psychologen. Und so transportiert unsere Redensart wieder einmal eine tief gehende Weisheit mit einfachen Worten.

WÄMME MEHNT, ME HÄTT E KIHSJE, SENN DE WÜREM DRENN

Aus der Rubrik Lebensweisheiten stammt diese rheinische Redewendung. Mundartsprecherin Agnes Dübel hat sich an sie erinnert. Ihre Mutter hatte sie früher häufiger gebraucht und damit eine Warnung und Mahnung verbunden. Sie lautet: „Wämme mehnt, me hätt e Kihsje, senn de Würem drenn." Auf gut Hochdeutsch bedeutet das: Wenn man meint, man könnte einen Käse sein Eigen nennen, dann sind mit Sicherheit die Würmer drin. Wie so oft versteht man den Satz nur, wenn man sich in die früheren Zeiten versetzt. Agnes Dübel weiß Rat: „Die Redewendung stammt aus der Zeit, als es noch keine Kühlschränke gab. Da passierte es dann leider, dass die Fliegen ihre Eier im Käse ablagerten, und die entwickelten sich dann zu Würmern oder Maden und machten den Käse ungenießbar." Außerdem muss angemerkt werden, dass ein Laib Käse in früheren Zeiten einen echten Wert darstellte, den man sich gut einteilte und von dem man möglichst lange zehren wollte.

Folglich war im übertragenen Sinne gemeint: Wenn man meint, man hat einmal Glück gehabt oder einen Besitz erlangt, dann ist bestimmt ein Haken daran, und die Illusion des Glücks schnell verflogen. Wenn man es aus erziehe-

rischer Sicht sieht, ist das ein Ausrufezeichen, jeglichem glücklichen Zufall mit einer gehörigen Portion Misstrauen zu begegnen. Eine weitere Bedeutungsebene kann dann sein: Man bekommt im Leben nichts geschenkt. Die Zuwendung eines Fremden muss man immer hinterfragen, denn sie ist selten uneigennützig. Nun kann man bedauern, dass das Vertrauen unter den Menschen derartig begrenzt ist, die Realität dürfte da allerdings der zuständige Lehrmeister sein. Schade, aber wohl wahr. Niemand schenkt einem was. So jedenfalls die Lebenserfahrung.

WÄNN DE ESU WIGGE MÄÄS, KÜSTE OP DE KÖLLESTROSS

Ein ganz besonderes Juwel in der Reihe der rheinischen Redensarten ist der Satz „Wänn de esu wigge määs, küste op de Köllestroß". Besonders deshalb, weil er in einem vergleichsweise kleinen geografischen Umfeld bekannt, dort aber sehr verbreitet ist. Wörtlich übersetzt heißt es: Wenn du so weitermachst, kommst du auf die Kölnstraße. Es geht dabei um eine Institution im Norden Bonns: die Psychiatrische Klinik des Landschaftsverbandes Rheinland (LVR). Die liegt eben an der Kölnstraße.

„Wenn früher jemand verrückt wurde, kam er in die Jeckenanstalt", berichtet Mundartsprecher Hans Nolden. Für

das Haus gab es zahlreiche Begriffe. In der Gründerzeit um 1880 war der offizielle Name „Rheinische Provinz-Irrenanstalt". Im Volksmund hieß es auch Narrenhaus und später LKH für Landeskrankenhaus. Da es aber auch eine Nervenheilanstalt in Endenich gab – das heutige Schumannhaus – musste der Volksmund einen eigenen Namen finden. Neben „Köllestroß" gab es aber auch das Signalwort „Pelman". Folglich wurde der Satz abgewandelt zu: Wenn du so weitermachst, kommst du zum Pelman. Jener Psychiater Carl Pelman war viele Jahre Leiter des Hauses an der Kölnstraße, nachdem er an der „Irrenanstalt" Siegburg geforscht hatte.

„Mit dem Pelman drohte meine große Schwester meiner kleinen Schwester, wenn die irgendwelche Sachen gemacht hatte, wo man denken könnte, dass sie sie nicht mehr alle hat", erinnert sich der Urbonner Karl Friedrich Schleier.

Carl Pelman gehörte in der noch jungen Disziplin der Psychiatrie zur Gruppe der modernen Nervenärzte, die sich gegen brutale Behandlungsmethoden wandte und ein partnerschaftliches Verhältnis zwischen Arzt und Patient anstrebte. Als Honoratior von Bonn hielt er im Jahre 1891 die Rede zum Wechsel im Bürgermeisteramt von Hermann Jakob Doetsch zu Wilhelm Spiritus. Damals soll er gesagt haben: „Bisher wor die Stadt verdötscht, jetzt kütt de Hillijee Jeist anjerötsch" (Bisher war die Stadt verrückt, jetzt kommt der Heilige Geist auf sie nieder). Durchaus eine sehr geistreiche Anspielung auf die Nachnamen der beiden Kandidaten.

WÄNN DRESS ZO MESS WIED, WELL ER JEFAHRE WERDE

Eine sehr schlaue Wendung ist die rheinische Redensart, mit der wir uns hier auseinandersetzen wollen. Denn hier wird ganz gezielt ein sprachliches Mittel eingesetzt, das mit der unterschiedlichen Bedeutung einer gleichen Aussage spielt.

Es geht um: „Wänn Dress zo Mess wied, well er jefahre werde." Das klingt in der hochdeutschen Übersetzung zunächst einmal sehr evident. „Wenn Kot zu Mist wird, will er gefahren werden." Hier haben wir ein Sprachbild aus dem Alltag der Landwirtschaft. Und man denkt sofort an den zunächst minderwertigen Kuhdung, der nach einiger Lagerung zu wertvollem Mist, also Dünger für die Felder geworden ist. Der Halbsatz: „will er gefahren werden", versteht man erst mal als „muss oder sollte er gefahren werden".

Tatsächlich erfährt der Satz hier eine geschickte Umdeutung, wenn er sich nämlich tatsächlich auf einen Mitmenschen bezieht. Und zwar auf einen Emporkömmling, der aus einfacheren Kreisen stammt und es zu etwas gebracht hat. Aus dem „Driss" ist also „Mess" geworden. Und weil dem so ist, fordert er nun, wie Mundartsprecherin Doro Wittmann berichtet, Privilegien für sich. Derjenige will also nicht mehr selbst gehen, sondern er möchte gefahren werden. Das Recht darauf bezieht er aus seiner (s.o.) gesellschaftlichen Veredelung.

Und Mundartsprecher Bernd Zettelmeyer erläutert, dass die Redewendung immer da Anwendung findet, wo sie sich auf einen Menschen bezieht, der einen gesellschaftlichen Aufstieg vollzogen hat. „Diesem sozialen Aufsteiger wird dann zu Recht (wenn ihm der Aufstieg zu Kopf gestiegen ist oder die neue Tätigkeit ihn überfordert) oder auch zu Unrecht (wenn die Reaktion der anderen Menschen mehr von sozialem Neid geprägt ist) vorgehalten, dass er jetz jett Hüüteres sei und sein jetziges Verhalten nicht mehr dem entspreche, was man von ihm erwarte", so Zettelmeyer. Manchem kann man es eben nie recht machen.

WÄNN KENDE OP JRUSSE HÜSJE JONN, FALLEN SE DURCH DE BRELL

Ein wunderschönes Gleichnis, das man aber durchaus auch wörtlich verstehen kann, ist diese Redewendung. Das Sprachbild ist unmittelbar verständlich, es hat aber im Abgang noch eine viel weitreichendere Bedeutung. „Wänn Kende op jruße Hüsje jonn, fallen se durch de Brell." Das heißt übersetzt so viel wie: Wenn Kinder auf die Toilette der Großen gehen, dann fallen sie durch die Klobrille. So weit, so gut.

Das Wort „Hüüsje", also Häuschen, leitet sich aus der Historie her, denn in früheren Zeiten hatten die Häuser noch keine wassergespülte Toilette, sondern ein Plumpsklo auf dem Hof. Und da war der Durchlass so groß, dass die kleinen Kinder im schlimmsten Fall durchflutschten. Mit dem Effekt, dass sie ziemlich tief im Unrat saßen. Das Ganze war also regelrecht gefährlich. Manche Plumpsklos hatten eine große und eine kleine Brille. Da kam es für den Nachwuchs darauf an, das nicht zu verwechseln.

Heutzutage ist die wörtliche Bedeutung allerdings in den Hintergrund getreten, denn für die Kleinen gibt es Aufsätze, die die unmittelbare Gefahr abwenden. Außerdem kann man beim Wasserklosett (WC) nicht mehr so tief fallen. Deshalb hat der Satz heutzutage nur noch seine übergeordnete Bedeutung bewahrt. Und die lautet: Es gibt Dinge, da müssen sich die Kinder raushalten. Und es gibt Dinge, die sollten sich Kinder noch nicht zumuten, weil sie sonst scheitern würden.

Man darf die Redewendung aber auch auf die Erwachsenenwelt anwenden. Denn auch dort gibt es Angelegenheiten, mit denen sich der Einzelne leicht übernehmen kann, weil er die körperlichen oder geistigen Fertigkeiten nicht besitzt, oder vielleicht die finanziellen Möglichkeiten nicht hat. Es geht also um Selbstüberschätzung und den Unterschied zwischen Selbst- und Fremdwahrnehmung. Und so kann man ganz vorsichtig durch die Blume sagen, was anders vielleicht als Beleidigung wahrgenommen würde. Aber da es ein Ruf aus der Vergangenheit und aus der Kinderwelt zu sein scheint, tut es nur halb so weh.

WAT ME NET BRUCH, ES ÖM ENE PENNING ZE DÜE

Da kann man etwas fürs Leben lernen. Denn rheinische Redensarten enthalten oft durchs Leben erworbene, verarbeitete und geschliffene Weisheiten, die ganz praktisch anwendbar sind und unmittelbar weiterhelfen. Das gilt auch für den Satz: „Wat me net bruch, es öm ene Penning ze düe." Alleine an der Währungsbezeichnung ist ablesbar, dass es sich um eine ältere Ausdrucksweise handelt.

Der Pfennig als kleinste Bezahleinheit ist schon 2002 vom fast europaweit gültigen Cent abgelöst worden. Dennoch ist der Ausdruck in den einschlägigen Kreisen der Dialektsprecher weiter gebräuchlich. Die Übersetzung heißt so viel wie: Was man nicht braucht, ist schon zu teuer, selbst wenn es nur einen Pfennig kostet.

Mundartsachverständiger Josef Schwalb kennt die Situation: „Da hat man Geld für ein Ding ausgegeben, das dann herumsteht, und man fragt sich, wofür brauche ich das? Man merkt oft erst beim Aufräumen, welch überflüssigen Kram man gekauft hat." Da geht es also darum, was man so alles Unsinniges im Haushalt vorhält. Dafür gibt es auch einen schönen rheinischen Ausdruck, nämlich das „Stehrümchen". Der Gegenstand findet so wenig Verwendung, dass er einfach nur herumsteht.

Ein etwas anderes Erklärangebot hat Dialektsprecherin Melitta Klein: „Die Menschen überlegen oft nicht, was sie mit ihren Pfennigen oder Cent tun, man gibt sie aus und sie sind weg, ehe man sich versieht." Und ihr Kollege Karl Friedrich Schleier ergänzt: „Wenn ich ihn dann wirklich brauche, dann fehlt mir gerade der Pfennig, den ich gerade verschwendet habe."

Da geht es also eher darum, dass auch dem Pfennig und Cent ein Wert zukommt, der beizeiten gebraucht wird, um eine höhere Summe vollzumachen. Frei nach dem Motto: „Wer den Pfennig nicht ehrt, ist des Talers nicht wert", das aus noch älteren Zeiten stammt und von noch älterer Währung spricht. Unterm Strich bleibt der Appell, das Kleingeld beisammenzuhalten und wertzuschätzen, weil „Kleinvieh auch Mist macht".

WER ET HÄNGE JEWÄNNT ES, DÄMM MÄÄT ET PÖMPELE NIX US

Manchmal steht man wie der Ochs vorm Berg. Da erreichte uns die Anfrage von Hans Josef Moeren aus Sinzig, wie denn die rheinische Redensart zu übersetzen und zu verstehen sei: „Wer et Hänge jewännt es, dämm määt et Pömpele nix us." Da war guter Rat teuer, denn nicht alle Vokabeln waren auf Anhieb klar. „Pömpele" ist ein Begriff, den man spontan dem Bad- und Sanitärsektor zuordnen möchte. Aber in diesem Satz ergibt das keinen Sinn. Da musste ein Experte her.

Georg Cornelissen, Sprachwissenschaftler des Landschaftsverbandes Rheinland, wusste Rat. „Pömpele" heißt „Baumeln". Also heißt der Satz auf Hochdeutsch: Wer das Hängen gewöhnt ist, dem macht das Baumeln nichts aus. Die Bedeutung der nicht bierernsten Formulierung erschließt sich dann ohne weitere Hilfe. Wenn jemandem Ungemach vertraut ist, dann kann er auch mit noch einer Schippe mehr umgehen. Oder um im Bild zu bleiben: Wen schon die Schwerkraft nach unten zieht, der beklagt sich auch nicht, wenn noch ein bisschen Sturm dazukommt. Und damit sind wir mal wieder beim Oberthema der anthropologischen Konstanten angekommen.

Denn unsere Redensart sagt ja nichts anderes als: Man gewöhnt sich an alles.

Insofern könnte jeder vom Ungemach betroffen sein. Allerdings stimmt es auch, dass es Unglückspilze gibt, die schlechte Ereignisse anziehen wie ein Magnet. Wir können also verschärfend formulieren: An manchem Menschen klebt das Pech wie Kleister. Er kann sich drehen und wenden, wie er will, er kommt einfach nicht heraus aus dem Formtief und der Stimmungsdelle.

WER ET HÄTT JEWOSS, DER ET HÄTT JEDONN

Der Rheinländer ist von jeher sehr empfindlich, was die Standesunterschiede angeht. Da gibt es die einen, für die es sehr wichtig ist, welche gesellschaftliche Stellung jemand innehat, und jene, denen das völlig egal ist. Letzteren kommt es eher auf die inneren Werte an. Werte wie Ehrlichkeit, Aufrichtigkeit und Mitmenschlichkeit.

Eine exemplarische Geschichte über diese Polarität stellt die Volkslegende von Jan und Griet dar. Sie gipfelt in der Lebensweisheit, die zu einer rheinischen Redensart geworden ist: „Wer et hätt jewoss, der et hätt jedonn". Übersetzt ins Hochdeutsche soll das heißen: Wer es gewusst hätte, der hätte es getan. Um zu verstehen, was damit gemeint ist, muss man sich die Geschichte von Jan und Griet vor Augen führen, die zur kölschen Folklore gehört.

Jan arbeitete zu Zeiten des Dreißigjährigen Krieges als Knecht auf dem Kümpchenshof in Köln, wo er ein Interesse an der Magd namens Griet verspürte. Diese lehnte ihn aber schon alleine seines niedrigen Standes wegen ab. Sie hätte gerne lieber einen Bauern geehelicht. Jan ging in den Krieg und kam als hochdekorierter Generalfeldmarschall Jan van Werth zurück. Plötzlich erwachte nun das Interesse auf Griets Seite an Jan. Doch der lehnte ab mit den Worten: „Wer et hätt jedonn." Und sie antwortet: „Wer et hätt jewoss!" Eine ausführlichere und klarere Übersetzung wäre: Wer all das vorher gewusst hätte, der hätte sich anders verhalten. Und für Griet und alle jungen Leute lautet die Moral von der Geschicht: Auch aus einem armen Teufel kann ein richtig „staatser" Kerl werden. Um das Andenken an diese Geschichte wachzuhalten, führt sie das Kölner Reitercorps „Jan von Werth" regelmäßig zu Karneval auf. Zurück bleibt die Lebensweisheit, sich nicht an Äußerlichkeiten zu orientieren, sondern den inneren Kompass für die Lebensrichtung zu beachten.

WER SICH FÜR NE HERING VERKÖF, WIED OCH FÜR ENE HERING JEJÄSSE

Das Rheinland ist kein Küstengebiet. Jedenfalls noch nicht, möchte man mit Blick auf den Klimawandel sagen. Wer also Meeresfisch essen möchte, der muss in unserer Region entweder tief in die Tasche greifen oder mit einem günstigen Angebot zufrieden sein. An dieser Stelle kommt unsere rheinische Redensart ins Spiel: „Wer sich für ne Hering verköf, wied och für ene Hering jejässe". Und das heißt auf Hochdeutsch, wie es in Hannover gesprochen wird: Wer sich als Hering zum Verkauf anbietet, der wird auch als Hering gegessen. Und was soll das bedeuten?

Das ist in der Tat erklärungsbedürftig. Es ist nämlich so: Der Hering ist ein kostengünstiger Seefisch, der wenigstens früher in Massen an Land gezogen wurde. Aufgrund dieser Tatsache und weil es für viele geschmacklich Exquisiteres gibt, wird er den Ansprüchen eines Gourmets nicht ganz gerecht. Der Rheinländer an sich würde also im übertragenen Sinne sagen: Wer sich billig verkauft, der wird auch so behandelt.

Und das ist eine Lebensweisheit, die dem selten an sich zweifelnden Rheinischstämmigen eigentlich von Geburt an klar ist. Man sollte sich nie unter Wert verkaufen, nie

zu sehr gegenüber hierarchisch Höherstehenden buckeln.
Es ist die Aufforderung, selbstbewusst und aufrecht durchs
Leben zu gehen. Man darf durchaus sagen, dass diese Erkenntnis als universal gelten kann. Denn schon in der Bibel
steht geschrieben: „Man zündet auch nicht ein Licht an
und setzt es unter einen Scheffel." Dieses Zitat stammt aus
der Bergpredigt im Matthäus-Evangelium 5, 14-16, und besagt, dass man sein Licht ruhig mal erstrahlen lassen sollte.
Und das ist doch ein guter Tipp, nicht nur für Rheinländer.

WO DE FRAU DE BOTZ AANHÄT, ES DE DÜVEL HUUSKNÄÄCH

Wir starten diese Folge unserer rheinischen Redensarten ausnahmsweise mit einem Gefahrenhinweis. Wer empfindlich reagiert auf nicht ganz politisch korrekte Äußerungen und wer sich die unbedingte Gleichberechtigung auf die Fahne geschrieben hat, der sollte jetzt mal kurz weghören.

Es dreht sich hier um den Satz: „Wo de Frau de Botz aanhät, es de Düvel Huusknääch." Da ist sie wieder, die rheinisch-katholische Dualität: Himmel und Erde, Herrgott und Teufel. Zwischen diese Gegensätze passt die ganze Menschheit.

Wörtlich lautet die Redewendung: „Wo die Frau die Hose anhat, ist der Teufel Hausknecht." Der Satz ist auch im Hochdeutschen verbreitet, was vielleicht schon ein Hinweis auf den flächendeckenden Wahrheitsgehalt sein könnte. Aber lassen wir das. Knapp auf den Punkt gebracht, soll dies bedeuten: Es ist nicht gut, wenn die Frau regiert.

Und ab da beginnt das Interpretieren. Mundartsprecherin Wilhelmine Schönenberg berichtet: „Mein Mann sagt immer zu mir: Frau, ich habe die Hose an und du hast das Sagen." Da hat sich jemand in sein Schicksal gefügt. Eine ähnliche Aussage wie diese Redewendung trägt der Satz: Kräht das Huhn und schweigt der Hahn, ist im Haus der Teufel dran. Eine in diesem Sinne ganz klare Bewertung traut sich Dialektfachmann Josef Schwalb zu: „Wenn der Mann die Regie abgibt, dann übernimmt die Frau, und der Mann ist ein armer Kerl."

Dem ist nicht zu widersprechen und nichts hinzuzufügen. Außer dem Hinweis an die Generation Internet, dass die Sache mit der Hose Bezug nimmt auf frühere Gewohnheiten. Das Tragen der Hose war nämlich lange den Männern vorbehalten, während die Frauen nur Röcke trugen. In dem Moment, als die Frauen in die Beinkleider schlüpften, war das zugleich eine Kampfansage an die Herrschaftsansprüche der Männer. Ja, war denn früher alles besser?

ZO FRÖH GEFREIT HÄT OFF GEREUT

Die rheinischen Redensarten haben oft den Charakter der Lebenshilfe. Da gibt man seinen Kindern wichtige Tipps mit auf den Weg. Denn nicht jeder sollte alle Fehler der vorherigen Generation wiederholen müssen. Man kann und sollte aus der Geschichte lernen. Das gilt für das große Weltgeschehen wie für die Familiengeschichte im kleinen Rahmen.

Und darum geht es auch hier: „Zo fröh gefreit hät off gereut." Das leuchtet freilich ein. Zu gut Hochdeutsch: Wer sich zu früh auf einen Lebenspartner festlegt, der wird das noch oft bereuen.

Dieser Tipp ist sicher nicht auf die leichte Schulter zu nehmen, denn die Partnerwahl kann bekanntlich dauerhafte Wirkung haben. Wenn schon nicht für das ganze Leben, so doch aber einen gehörigen Lebensabschnitt. Heutzutage ist die Ewigkeit in dieser Hinsicht ja deutlich zusammengeschnurrt. Umso bedeutsamer ist die sorgfältige und richtige Auswahl.

Die Lebensweisheit kann übrigens in zwei Richtungen gemeint sein. Erstens ist der Ansprechpartner der Teenie, den man davor bewahren möchte, die Partnerwahl und Familienplanung allzu sehr zu forcieren, denn heutzutage kann man sich damit ja wirklich ein bisschen mehr Zeit

lassen, als das früher der Fall war. Wenigstens bis die Ausbildung abgeschlossen ist und man im Berufsleben steht.

Zweitens ist damit aber jede Altersklasse angesprochen, die auf den Umstand aufmerksam gemacht wird, dass eine allzu affektive, sprich vom Gefühl des Augenblicks gelenkte Entscheidung für einen Partner böse und vor allem nachhaltige Folgen haben kann, derer man sich später nicht gerade gerne rühmt.

Auch im Hochdeutschen gibt es einen entsprechenden Warnhinweis. Da heißt es dann: Drum prüfe, wer sich ewig bindet, ob er nicht was Bess'res findet. Oder, wenn man es positiv ausdrücken möchte: Heiraten bedeutet sichern und weitersuchen. Ob nun im Dialekt oder anderswo, es bleibt der gute Rat, bei der Partnerwahl eine Instanz der Qualitätskontrolle einzubeziehen. Dann wird man hoffentlich nicht verkehrt liegen.

MAMA, LUE ENS

Zum Abschluss noch eine kleine private Anekdote des Autors über seine allererste rheinische Redewendung. Ich war im zarten Alter von drei Jahren – nach familiengeschichtlich bedingter Geburt in Duisburg und erstem Wohnsitz in Köln –, da zog es meine Eltern ins schöne Heimerzheim im Linksrheinischen.

Meine Eltern sprachen üblicherweise manierliches Hochdeutsch und wenig bis gar nicht Platt. Da war kein rheinischer Input zu erwarten. Glücklicherweise fügte es sich, dass meine Tagesmutter Betty in Nullkommanichts nachholte, was meine Erziehungsberechtigten nicht zu leisten vermochten. Das erste Wort war – klarer Fall – Mama. Das zweite und das dritte Wort waren allerdings schon rheinischer Herkunft und meine Mutter stutzte, als sie mich nachmittags bei der Tagesmutter abholte. Denn ich begrüßte sie mit dem Satz: „Mama, lue ens".

Um es kurz zu machen: Sie wusste überhaupt nicht, was ich von ihr wollte. Dabei hätte sie es sich denken können. Denn nach „Mama" ist das nächste Wort im Sprachschatz kleiner Kinder üblicherweise „gucken". Und so heißt diese Wendung so viel wie: Mama, guck mal. Da schwingt doch immer auch ein bisschen Stolz mit, etwas gesehen oder geschaffen zu haben, und das Kind wartet auf ein Lob

des angesprochenen Erwachsenen. Keine Frage, dass der Autor von der damals wohl indifferenten Reaktion seiner Mutter ein bisschen enttäuscht war. Denn es dauerte, bis die herausgefunden hatte, was der kleine Filius überhaupt wollte. So lange guckte sie indigniert und etwas erstarrt, ob der neuen, aber unbekannten Vokabeln. Eine kleine Entschädigung für alle Beteiligten ist an dieser Stelle, dass die Anekdote in den Fundus des gemeinsamen Familiengedächtnisses eingegangen ist. Und zu besonderen Gelegenheiten wird sie immer mal wieder herausgekramt und gewinnbringend oder wenigstens spaßbringend vorgetragen. Beim Autor selbst überwiegt die Dankbarkeit an die Tagesmutter und die Leihfamilie, in die Kulturtechnik der rheinischen Mundart eingeführt worden zu sein. Alles andere wäre ein Riesenverlust gewesen.

Dank

an alle Mundartsprecher, die uns regelmäßig mit schönen rheinischen Redensarten versorgen, und ganz besonders an Dr. Georg Cornelissen, Georg Divossen und Herbert Weffer für dauerhafte Unterstützung und Beratung.

Literatur:

Cornelissen, Georg: Kleine Sprachgeschichte
  von Nordrhein-Westfalen, Köln, 2015
Honnen, Peter: Kappes, Knies & Klüngel, Köln, 2003
Weffer, Herbert: Von aach bes zwöllef, Bonn, 2000
Wrede, Adam: Neuer kölnischer Sprachschatz, Köln, 2017

Internet

www.bönnsch-abc.de
(Georg Divossen)

www.ga-bonn.de/rheinisch
(General-Anzeiger Online)

www.mitmachwoerterbuch.lvr.de
(Landschaftsverband Rheinland)

INHALTSVERZEICHNIS

Vorwort	4
Der rheinische Glücksratgeber	6
Ahl Jeeße läcke och jäen Salz	10
Äeze, Bonne, Linse, dat sin se	13
Bässe ehn Pläät wi jar keen Hoer	14
Beim Dehle lieschte se kenne	16
Beklopp on Drei es Ellef	19
D'r Zoch kütt	21
Dä Ballesch lappt sich von säleve, wämme im Zick lät	24
Dä hät en Äez am wandere	25
Dä hätt ene Ratsch em Kappes	27
Dä jlöv, watte lüch	29
Dä määt jäen su Lappüehche	31
Dämm kannste em Loofe de Schoh besolle	33
Dat maache me us de Lamäng	35
Dat moss ich mem Höhnerkläuche krijje	38
Datt datt datt darf!	40
De Düvel drieß nie op ene kleene Hoofe	41
Der es noch net langs Schmitz Backes	44
Der hätt ene Ijel en de Täsch	46
Der kann Pohl hale	48
Der mööch wie ne jruße Hond pisse	50
Die Jeeß woll ne lange Stätz hann	52
Die senn eene Kopp on eene Aasch	55
Die Tromm hät e Loch kräje. Do es en Hömm dren	57
Do finge sibbe Katze keen Muus mih drenn	60

171

Do häst du de Ühl om Daach	62
Do kumme de Jeeßelöre Hippeböck	65
Dräck schüet de Mare	67
Dreimol ömjetrocke es esu joot wie eemol affjebrannt	70
Du häss jo et Schoss eruss	72
Du mäß us nix noch winnige	74
Eenem et Brut nämme, ävve keenem et Brut jävve	76
Enem de Aasch driiße drare	77
Hamme ne Hammer, hamme och en Zang	80
He rüch et noh Minsche	81
Hee e Läppche on do e Läppche, jitt zesamme e Kendekäppche	84
Ich ben en de Bonne, Äeze am plöcke!	86
Zwischenspiel: Schöner schimpfen – Die elf beliebtesten rheinischen Beleidigungen	89
Ich ben jätt hinge widde	94
Ich hann ene Hals bes Muffendorf	96
Ich hann ene Jrömmel en de Trööt	98
Ich hann leever eene, däe metjeet, wie zwei, die nokomme	100
Jeck loss Jeck elangs	102
Jöck es schlemme wi Ping	105
Kaschakischekickekaku	107
Keen Kroh peck de andere e Ooch us	109
Kleene Kässelche hann jruße Uhre	110
Komme me över de Honk, komme me och över de Stätz	113
Küste höck net, küste morje	114
Leck misch en d'r Täsch	117
Löck sen och Minsche	119

Maach höösch	122
Mach ken Fisematenten	124
Me jeet net an de Desch wie e Ferkel an de Troch	126
Me kann och met enem Rievkoche Wind mache	128
Me moss och jönne künne	130
Mer jewännt sich an alles, och an et Hänge	133
Mer kann och Muhsköttele anspetze welle	134
Naach Mattes, blohs de Lamp us	136
Ovends danze on springe, morjens kanne de Botz net finge	139
Su jenau driiß keen Koh, dat dat e Pond es	141
Von andere Löcks Lädde ös jot Reeme schnegge	144
Wäe net hüere kann, moss föhle	145
Wämme mehnt, me hätt e Kihsje, senn de Würem drenn	147
Wänn de esu wigge määs, küste op de Köllestroß	149
Wänn Dress zo Mess wied, well er jefahre werde	151
Wänn Kende op jruße Hüsje jonn, fallen se durch de Brell	152
Wat me net bruch, es öm ene Penning ze düe	155
Wer et Hänge jewännt es, dämm määt et Pömpele nix us	157
Wer et hätt jewoss, der et hätt jedonn	159
Wer sich für ne Hering verköf, wied och für ene Hering jejässe	161
Wo de Frau de Botz aanhät, es de Düvel Huusknääch	163
Zo fröh gefreit hät off gereut	165
Mama, lue ens	167
Dank, Literatur, Internet	170

Bönnsch – Wie jeht dat?
Bönnsch füé Bejinners –
ein Crash-Kurs in bönnscher Mundart

Elisabeth Schleier

Bonner und solche, die es werden wollen, können aufatmen: Hier ist er endlich, der erste Ratgeber zur bönnschen Mundart in Buchform! In 7 Kapiteln werden die Feinheiten des Dialekts ergründet, und schnell zeigt sich hierbei: Bönnsch beinhaltet mehr als nur Worte, es spiegelt das Leben der Menschen der Bonner Region wider. Elisabeth Schleier ist seit Jahren stadtbekannte Bonnerin, der die Bönnsche Mundart in die Wiege gelegt worden ist. Ihre Rheinschleier-Erlebnisstadtführungen mit Ehemann Karl-Friedrich erfreuen sich größter Beliebtheit und auch ihre „Bönnsch füé Bejinners"-Sprachkurse sind stets gut besucht. Mit diesem Buch möchte sie einen weiteren Beitrag zur Mundartpflege leisten.

Softcover, Format: 12,5 x 18 cm, 80 Seiten,
durchgehend farbig illustriert und bebildert
ISBN: 978-3-96058-210-6

€ 7,99

Das Radio Bonn/Rhein-Sieg Quiz-Buch Teil 2
Das Rätseln geht weiter: 100 neue Fragen über das Radio Bonn/Rhein-Sieg-Land

Sven Jaworek

Nach dem großen Erfolg des Radio Bonn/Rhein-Sieg Quizbuchs hat Sven Jaworek mit großer Hörerbeteiligung hier wieder über 100 Fragen und Antworten zusammengestellt, die Ihnen mehr über die Region verraten. Mit überraschenden, spannenden und kuriosen Infos zum ganzen Radio Bonn/Rhein-Sieg-Land macht das Quizbuch Lust darauf, Neues zu entdecken und Altes neu kennenzulernen.

Klappenbroschur, Format: 13 x 20,5 cm,
144 Seiten, durchgehend farbig bebildert
ISBN: 978-3-945152-60-7

€ 7,99

Kennen Sie Bonn?
Foto- und Quizbuch

Hans-Dieter Weber

Sie wohnen in Bonn. Sie mögen Bonn. Sie glauben, Sie kennen Bonn? – Falsch! Anhand dieses Fotoquizbuches werden Sie Bonn und sein Umland neu entdecken!
Architektonische Kleinode, an denen Sie Tag für Tag eilig vorüberlaufen, Details, die Sie bisher noch nie wahrgenommen haben und versteckte Schönheiten, die Sie noch gar nicht kannten: Mit diesem Bilder-, Quiz- und Wissensbuch stellt Hans-Dieter Weber Ihre Kenntnisse über die ehemalige Hauptstadt auf den Prüfstand.

Softcover, Format: 13 x 20,5 cm, 168 Seiten,
zahlreiche farbige Abbildungen
ISBN: 978-3-945152-62-1

€ 9,99

Die Rheinische Küche

Barbara und Hans Otzen

Die rheinische Küche ist ein Spiegelbild des Rheinländers: abwechslungsreich, niemals langweilig und ein Sinnbild der Lebensfreude. Diese umfangreiche Rezeptsammlung entführt den Leser auf eine interessante und vor allem schmackhafte Reise in die Tiefen der rheinischen Kochkunst. In diesem Buch ist mit Sicherheit für jeden Geschmack das richtige Rezept dabei.

*Hardcover, Format: 20 x 20 cm, 256 Seiten,
zahlreiche farbige Abbildungen
ISBN: 978-3-941557-58-1*

€ 16,95

Döppcheskieke
Traditionelle Gerichte aus Bonn und dem Rheinland

Hildegund Schloßmacher

Von Suppen über Gerichte mit Gemüse, Fleisch und Fisch, bis zu Brot, Gebäck und Desserts. Hier ist alles dabei, was die rheinische Küche zu bieten hat: Großmutters Rezepte und Küchenwissen, anschauliche Anleitungen, informative Rezeptkunde und Einblicke in die rheinische Küchengeschichte.

*Hardcover, Format: 17 x 21 cm, 184 Seiten,
durchgehend farbig bebildert
ISBN 978-3-945152-63-8*

€ 14,99